胡汉融合的新兴朝代

问：李学勤 罗哲文 俞伟超 曾宪通 彭卿云

李 默／主编

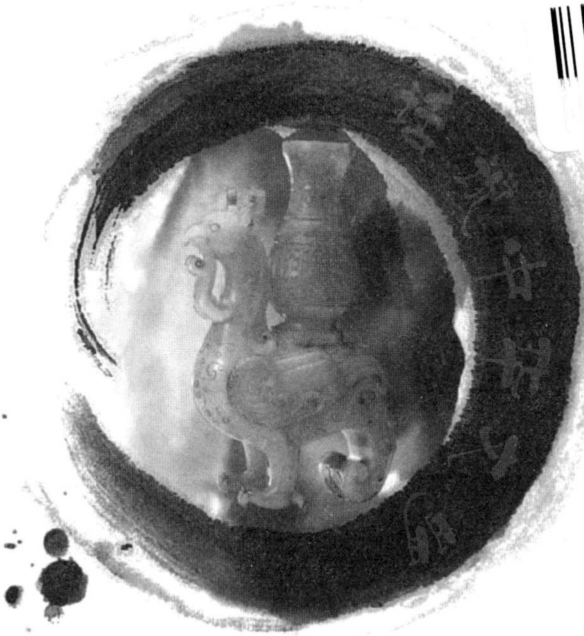

中华文明是人类历史上最伟大的文明之一，是人类文明发展的主要构成。中华文明丰富、深刻、辉煌、博大，在人类文明中的骨干作用和领导作用人所共知。在人类文明的发源时期，中华文明就是四大古文明之一，是地球上文化的策源地之一。

廣東旅游出版社
GUANGDONG TRAVEL & TOURISM PRESS
悦读书 · 悦旅行 · 悦享人生
中国 · 广州

图书在版编目（CIP）数据

胡汉融合的新兴朝代 / 李默主编 . — 广州 : 广东旅游出版社 , 2013.1（2024.8 重印）
ISBN 978-7-80766-452-9

Ⅰ . ①胡… Ⅱ . ①李… Ⅲ . ①中国历史—北朝时代—通俗读物 Ⅳ . ① K239.209

中国版本图书馆 CIP 数据核字 (2012) 第 296815 号

出 版 人：刘志松
总 策 划：李　默
责任编辑：张晶晶　黎　娜
装帧设计：盛世书香工作室　腾飞文化
责任校对：李瑞苑
责任技编：冼志良

胡汉融合的新兴朝代
HU HAN RONG HE DE XIN XING CHAO DAI

广东旅游出版社出版发行
（广东省广州市荔湾区沙面北街 71 号首、二层）
邮编：510130
电话：020-87347732（总编室）020-87348887（销售热线）
投稿邮箱：2026542779@qq.com
印刷：三河市嵩川印刷有限公司
（河北省廊坊市三河市杨庄镇肖庄子村）
开本：650 × 920mm　16 开
字数：105 千字
印张：10
版次：2013 年 1 月第 1 版
印次：2024 年 8 月第 3 次印刷
定价：45.80 元

出版者识

《话说中华文明》是一部全景式图文并茂记录中国文明历史的大书。出版者穷数年之力，会集各方力量——专家、学者、编辑、学术顾问们，在浩如烟海的历史档案、资料、著作中，探珍问宝，追寻中华文明在悠悠历史长河中的灿烂之光。此书的出版，凝聚了编撰者的心血，学术顾问们的智慧。尤其是李学勤先生，亲自动笔写下了序言，更增加了本书沉甸甸的分量。

中华文明的历史充满了辉煌与苦难，成就和挫折。它的历史无处不在，决定着我们中国人今天的思想和感情。当今的中国和中国人是中华文明的历史造就的，是中华文明的历史的延伸，也是它的一个组成部分，中华文明的历史之河奔流到现在。

中华文明是人类历史上最伟大的文明之一，是人类文明发展的主要构成。中华文明丰富、深刻、辉煌、博大，在人类文明中的骨干作用和领导作用人所共知。在人类文明的发源时期，中华文明就是四大古国之一，是地球上文化的策源地之一。在人类文明的早期，中华文明成为文明在东方的支柱，公元前后200年间，人类的汉帝国与罗马帝国这两只铁手攫住了地球。在欧洲进入中世纪的时候，中华文明更成为人类文明最主要的领导，它的文明统治东亚，传遍世界。进入近代，中华文明处于自身的重压和西方的欺凌下，但中国人民的斗争史和奋起精神是人类文明历史中不可缺少的一页。

五千年的中华文明为人类贡献出了从思想家孔子到科学技术的四大发明、从唐诗宋词到长城运河的伟大创造，贡献出了从诸子百家到宋明理学，从商周铜器到明清文学的深刻内涵，也贡献出了从五霸七强到三国纷争、从文景之治到十大武功的辉煌历史。中华文明的历史绚烂多彩，在人类文明的历史长河中永放光芒。

中华文明也是人类历史上最独特的文明，没有哪一个文明像中华文明这样持久，这样统一一致。世界上其他文明不但互相交错，其创造者也都与高加索体质的人种有关，它们是姐妹文明。在人类历史中，只有中华文明才是独特的，它的创造者是中国土地上的中国人民，与其它任何地方的人民都没有关系，它的文化是统一一致的文化，可以不依赖于其他任何文明而生存，但中华文明也绝不是封闭的，它接受他人的文化，也承担自己对于人类的责任。

人类进入新世纪，中国的社会经济发展令世人瞩目。人们对于世界未来的政治和经济结构的估计无不以东亚和太平洋为中心，而尤以中国为重点。

经济起飞只是当代中国的一个方面，中国的精神文明的建设尤为刻不容缓。如果中国要自觉地发展中华文明，要有意识地使中国的发展具有世界意义，就必须发展强有力的精神文化，这样才能使中华文明的发展进入一个新的阶段，才能形成中国和中华文明的全面现代化。

而中国的精神文化的发展植根于中华文明的伟大传统之中。进入近代之后，在西方文化的冲击下，对于中国文化的价值产生大量的情绪化和激烈冲突的论调。“五·四”运动打倒孔家店的口号具有冲破封建束缚的时代意义，对中国文化的发展有不容否认的正面意义，与文化虚无主义是完全不同的。文化虚无主义者否定中国传统文化，在现代化的旗帜下主张全盘西化；而复古主义则沉迷于中国文化的古董，走进反进步、反科学的泥潭。

历史的发展则超越了所有这些论点，产生这些论调的一百多年来的中国近代史已经结束。历史要求中国发展，要求中国走在全世界发展的前列。西化论和复古论都已过时，历史已经要求世界超越西方，中国可以承担起世界的命运，而中国的现实和世界的历史都说明，中国的使命在于它的发展前进，而非倒退。

中华文明走出迷惘的时代，我们这一代处在一个伟大而具有挑战的历史阶段。

总结历史、展望未来，这就是《话说中华文明》的意义和使命。我们创作《话说中华文明》，力求总结和回顾中华文明的全貌，在内容和形式上都开创一个新的局面。在内容结构上，既具有一定的深度，又具有相当的广博性，既有严谨、准确的学术价值，又有活泼、流畅的可读性。我们在两千页的范围内容纳了中华文明的各个方面，使它综合了大规模学术著作的系统性、严密性，和普及读物的全面性、简易性，它既可作为大型工具书检索中华文明的各个成分，又可作为通俗的读物进行浏览。

我们从上世纪 90 年代初起就开始思考中华文明的历史和现实问题，并逐渐形成了编著《话说中华文明》的设想。在开展这项庞大的文化工程之始，我们就聘请了国内权威学者李学勤、罗哲文、俞伟超、曾宪通、彭卿云诸先生担任学术顾问，他们对计划作了充分讨论，并审阅了大量初稿。我们聘请了广州、香港地区的社会科学学者、大学教师、研究生以及我社编辑人员几十人担任稿件的撰写工作。

通过创作这部书，我们深深地感受到了中华文明的博大精深，也感受到了它的内在缺陷。中华文明具有辉煌的时期，也有苦难的年代，有它灿烂的成就，也有其不足的方面。中华文明在自身中能够吸取充分的经验和教训，就能够使自身健康壮大，成长发展。

通过创作这部书，我们也深深感受到了出版事业的使命和重任。我们希望这部书能受到广大读者的喜爱，起到它所应当起的作用。为中华文明的反省、前进和奋起作一点贡献。

目录

北凉灭西凉 / 009
“五胡乱华”与 十六国的形成消长 / 010
昙无谶翻译佛经 / 014
寇谦之起天师道场·弘扬道教 / 014
炳灵寺石窟开建 / 015
智猛西行返国 / 016
崔浩撰《国书》/ 017
魏伐柔然 / 017
中国绘画进入繁荣时期 / 018
中国文化进入佛教影响时代 / 020
胡人妇女风情入主中原 / 023
西秦灭亡 / 025
吐谷浑灭夏 / 026
沮渠蒙逊卒 / 026
魏更定律令 / 027
魏通西域 / 028
高丽音乐传入中国 / 029
北魏倡文教 / 029
私学沟通南北 / 030
西凉乐流行于北方 / 031
魏太武帝灭佛 / 032
外国玻璃大量输入 / 033
中国画论兴起 / 034
盖吴起义 / 035
崔浩因“国史案”被杀 / 036
满地绣出现 / 037

宗爱专魏杀帝 / 038
魏佛禁稍弛 / 038
中国丝织技术传入波斯 / 039
魏主纳谏 / 040
魏设酒禁 / 041
云冈石窟开凿 / 041
火祆教传入魏上层社会 / 043

魏禁贵族与百姓通婚 / 044
北魏集演散乐百戏 / 044
魏除三等九品输租制 / 045
魏署僧祇户佛图户 / 045
魏击柔然 / 046
魏冯太后杀子·临朝称制推行汉化 / 047
魏罢门房同诛律 / 048
魏与五州蛮攻齐 / 048
魏实行制度改革 / 049
北魏推行中国历史上第一次均田制 / 050
魏惩贪 / 051
柔然控制中西交通线 / 052
魏迁都洛阳 / 053
魏孝文帝主张汉化 / 054
少林寺兴建 / 056
马氏高昌国建立 / 056
魏孝文帝卒 / 057
魏碑书法风格劲健 / 058
北魏开凿龙门石窟 / 059
魏立太子诩不杀母 / 061
李崇抗水 / 062
沙门法庆起兵反魏 / 062
魏胡太后临朝称制 / 063
胡太后建佛寺 / 064
生物学知识更加丰富 / 065
魏求佛经 / 066
北魏建巩县石窟 / 067
魏行“停年格” / 069
郑道昭代表北魏书法 / 069
二元比富 / 070
木塔楼开始流行 / 071
嵩岳寺塔建成 / 072
北魏盛行校猎 / 073
柔然婆罗门叛魏 / 074
北朝民歌豪放 / 074
魏六镇起事 / 075
金银器工艺在北方持续发展 / 076
魏佛徒续凿敦煌石窟 / 076
诸蛮起义 / 077
魏莫折大提起义 / 078

元法僧起事 / 079
葛荣建齐 / 079
肖宝寅叛魏 / 080
尔朱荣发动河阴之变溺杀魏帝、太后 / 081
尔朱荣击败葛荣 / 082
元颢身败名裂 / 082
稍艺兴起 / 083
妇女发式日趋丰富 / 084

郦道元撰成《水经注》/ 086
魏帝诛杀尔朱荣引起内乱 / 087
裤褶流行 / 088
北朝陶瓷器后来居上 / 089
崔鸿撰成《十六国春秋》/ 092
行台制实行 / 092
高欢起兵废立·控制北魏朝政 / 093
魏分裂两魏各据东西 / 095
东西魏与柔然和亲 / 096
《阴符经》出现 / 096
宇文泰大败高欢 / 097
北朝民族的代表作《木兰诗》/ 098
东西魏大战于河桥 / 099
东西魏邙山大战 / 100
苏绰作《大诰》/ 101
宇文泰创府兵制 / 102
高澄囚禁孝静帝 / 103
高洋篡东魏建北齐 / 104
贾思勰著成《齐民要术》/ 105
《洛阳伽蓝记》记录佛寺兴衰 / 107
南北响堂山石窟 / 108
石刻佛像遍及中国 / 111
北朝石刻线画成就斐然 / 113
突厥伊利可汗崛起 / 115
齐破山胡 / 116
魏收撰《魏书》/ 118
宇文觉建北周 / 119
宇文泰仿古建六官 / 119
齐废道教 / 121
綦母怀文改进金属热处理工艺 / 121
周造大律 / 123
北周改行十二丁兵制 / 125
北周突厥伐齐 / 127
齐制律令·改定三长、均田等制 / 129
斛律金唱《敕勒歌》/ 131
《笑道论》抨击道藏 / 131
北齐刻经 / 132
娄睿墓壁画代表北朝绘画水平 / 133
胡舞涌入中国 / 134
新疆石窟形成龟兹风格 / 136
佛寺建造登峰造极 / 138

佛寺壁画艺术达到高峰 / 140
《龙门药方》刻石 / 142
齐宫内乱 / 143
沈重任露门博士 / 144
宇文护被诛 / 144
北齐政乱·斛律光冤死 / 146
宇文邕禁断佛道 / 147
周武帝攻齐 / 148
周放奴婢为民 / 150
王褒卒 / 150
周灭齐·统一北方 / 151

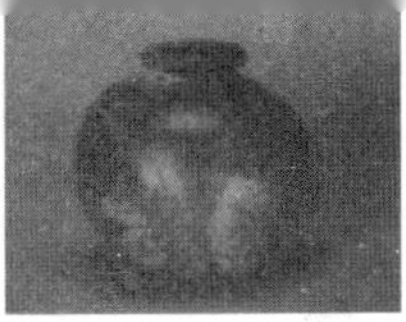

北朝

420 ~ 580A.D.

北朝

421A.D. 宋永初二年 魏泰常六年 西秦建弘二年 北凉玄始十年 西凉永建二年 北燕太平十三年 夏真兴三年

三月，沮渠蒙逊破敦煌，李恂自杀，西凉亡，西域诸国皆附于蒙逊。

423A.D. 宋少帝景平元年 魏泰常八年 西秦建弘四年 北凉玄始十三年 北燕太平十五年 夏真兴五年

魏太宗明元帝拓跋嗣死，子焘嗣，是为世祖太武皇帝。十二月，魏崇奉道士寇谦之，于平城起天师道场，于是道教大盛。

425A.D. 宋元嘉二年 魏始光二年 西秦建弘六年 北凉玄始十四年 北燕太平十七年 夏真兴七年，赫连昌承光元年

八月，夏赫连勃勃死，子昌嗣。

428A.D. 宋元嘉五年 魏神麚元年 西秦乞伏暮末永弘元年 北凉承玄元年 北燕太平二十年 夏赫连定胜光元年

夏赫连昌攻魏于安定，兵败被擒；昌弟定奔平凉，称皇帝。

430A.D. 宋元嘉七年 魏神麚三年 西秦永弘三年 北凉承玄三年 北燕太平二十二年 夏胜光三年

魏攻陷宋洛阳。西秦乞伏暮末举国入魏，故地皆入于吐谷浑。十一月，魏兵大破夏赫连定于鹑觚原，定奔平凉，魏兵围之。

宋铸四铢钱，为一个半世纪以来中国首次铸钱。

425A.D.

蛮族逐渐在罗马帝国定居。

426A.D.

匈奴侵掠拜占庭帝国，拜占庭帝国将其逐出于多瑙河之外。

429A.D.

汪达尔王该撒利克率八万人入北非。登陆后，大肆焚掠残杀，凶残远过其他蛮族。

萨克森人、朱特人和盎格鲁人占领英格兰南部。

431A.D. 宋元嘉八年 魏神麚四年 北凉义和元年 北燕冯弘太兴元年 夏胜光四年

夏赫连定击降乞伏暮末，西秦亡。九月，魏以沮渠蒙逊为凉州牧、凉王；史称北凉。

433A.D. 宋元嘉十年 魏延和二年 北凉沮渠牧犍永和元年 北燕太兴三年

四月，北凉沮渠蒙逊死，子牧犍嗣，称河西王。谢灵运以谋反罪被杀。

436A.D. 宋元嘉十三年 魏太延二年 北凉永和四年 北燕太兴六年 魏大举攻北燕。闰十一月，宋更铸浑仪，以水转之，昏明中星，与天相应。

439A.D. 宋元嘉十六年 魏太延五年 北凉永和七年

六月，魏大发兵攻北凉 。九月，魏兵至姑臧，沮渠牧犍降，北凉亡。

435A.D.
西罗马帝国与汪达尔人缔约，承认汪达尔人在北非所占领地区，汪达尔人则奉罗马为宗主国。
436A.D.
罗马人完全撤出不列颠。

446A.D. 宋元嘉二十三年 魏太平真君七年
魏帝用崔浩言，毁佛寺，阬沙门，焚经像。
448A.D. 宋元嘉二十五年 魏太平真君九年
九月，魏破焉耆，其王鸠尸卑那奔龟兹。
449A.D. 宋元嘉二十六年 魏太平真君十年
九月，魏再分道攻柔然，处罗可汗远遁，丧人畜百余万，柔然大衰。
450A.D. 宋元嘉二十七年 魏太平真君十一年
正月，沈庆之再破沔北诸蛮，斩三千级，虏二万八千口，降二万五千户，又围大羊蛮降之，迁于建康为营户。二月，魏帝自将攻宋，河南诸郡多闻风溃。七月，宋分道攻魏。连下碻磝、乐安、长社。九月，魏帝自将御宋。十一月，宋西路大破魏兵，以东路败，退师。十二月，魏帝至瓜步，宋建康戒严。

445A.D.
阿提拉成为匈奴唯一的国王。阿提拉统治时期（445 ~ 453）为匈奴人在欧洲的极盛时期。
450A.D.
拜占廷帝国皇帝狄奥多西二世死 ，马喜安继任为皇帝（450 ~ 457 ）。马喜安练兵，东罗马国势日强，匈奴不敢来侵，遂欲西下侵西罗马。罗马教堂出现领唱者与合唱的轮唱。

453A.D. 宋元嘉三十年（元凶劭太初元年）魏兴安二年
二月，宋太子刘劭等杀其父自立。宋武陵王刘骏起兵讨劭，四月，骏至建康新亭，即皇帝位，是为世祖孝武皇帝；五月，骏入建康，杀刘劭等。
458A.D. 宋大明二年 魏太安四年
七月，宋南彭城民高阇、沙门昙标谋起事，被杀，因汰沙门。
459A.D. 宋大明三年 魏太安五年
四月，宋竟陵王诞据广陵抗命，遣兵击之；七月，克广陵，屠男口三千余，女子充军赏，诞被杀。
460A.D. 宋大明四年 魏和平元年
六月，魏分道击吐谷浑，大掠而归。云冈石窟开凿。

452A.D.
匈奴王阿提拉又率师侵意大利，陷阿揆雷雅、米兰、未罗那诸城，罗马军不能御。
451A.D.
匈奴王阿提拉率匈奴及其所征服之日耳曼人号五十万人，侵入高卢北部，焚掠而前，势如破竹。
454A.D.
东哥特人、哲彼提人乘匈奴内乱，与匈奴人大战于匈牙利之尼德河畔，匈奴帝国瓦解。
455A.D.
西罗马帝国皇帝瓦拉泰那斯三世为阿伊喜阿斯亲兵所杀。狄奥多西朝亡。

汪达尔王该隆利克利用罗马混乱软弱，率舰攻陷罗马城，大掠十四日（六月二日至十六日）。

465A.D. 宋前废帝刘子业永光元年 景和元年 宋太宗明皇帝刘彧泰始元年 魏兴安六年

五月，魏高宗文成皇帝死，子弘嗣，是为显祖献文皇帝。宋听民铸钱，于是钱质益劣，有鹅眼、綖环之目，物价踊贵，斗米万钱。宋湘东王彧主衣阮佃夫等杀宋帝，十二月，拥彧即位，是为太宗明皇帝。

466A.D. 宋泰始二年 魏天安元年

宋晋安王子勋即皇帝位于寻阳，改元义嘉；徐州刺史薛安都、吴郡太守顾琛等纷起应之。二月，魏杀丞相乙浑，冯太后临朝称制。八月，宋将沈攸之入寻阳，杀晋安王子勋，大乱粗平。鲍照为乱兵所杀。十月，宋尽杀孝武帝诸子。

467A.D. 宋泰始三年 魏天安二年 皇兴元年

八月，魏铸大佛，高四十三尺，用铜十万斤，黄金六百斤。陆修静至建康整理道经，成《道藏》基础。

469A.D. 宋泰始五年 魏皇兴三年

正月，魏陷宋东阳，于是青、冀之地尽入于魏。魏用沙门统昙曜言，以民及奴分别为僧祇户及佛图户。

470A.D. 宋泰始六年 魏皇兴四年

四月，魏击吐谷浑，拾寅败走。魏帝自将分道击柔然，大破之，斩五万余级，降万余。

470A.D.

玛雅文明极盛。

476A.D. 宋元徽四年 魏延兴六年承明元年

六月，魏冯太后鸩太上皇，以太皇太后复临朝称制。

477A.D. 宋元徽五年 宋升明元年 魏太和元年

四月，宋阮佃夫等谋废立，事泄，被杀。七月，肖道成使人杀宋帝，贬苍梧王；立安成王准，道成录尚书事。

479A.D. 宋升明三年

齐太祖高皇帝肖道成进爵齐王。肖道成称皇帝，改元建元，是为齐太祖高皇帝。以宋帝为汝阴王，继杀之，追谥顺帝，宋亡。

477A.D.

萨克逊酋长伊拉率其族人在英格兰东南海岸（肯特之西）登陆，建苏塞克斯（即南萨克逊）王国。

481A.D. ~ 490A.D.

485A.D. 齐永明三年 魏太和九年

魏焚秘纬，私藏者死；又禁巫之不经者。

487A.D. 齐永明五年 魏太和十一年

高车帅阿伏至罗背柔然西走，至车师前部西北，自立，号候娄匐勒，号从弟穷奇曰候倍。

490A.D. 齐永明八月 魏太和十四年

八月，吐谷浑世子伏连筹杀齐使。十二月，齐以百济王牟大为镇东大将军。范镇著《神灭论》。魏改革家太皇太后冯氏去世。

485A.D.

波斯沃拉卡西斯王死，子库巴德嗣位（485 ~ 498）。库巴德在位时，波斯社会阶级矛盾日趋尖锐，袄教僧马资达克创立新教。库巴德不敢镇压，进而思利用马资达克信徒以削弱封建贵族之势力，于是亦信奉新教。

486A.D.

克罗维斯击溃高卢罗马将领西埃格利阿斯之军队于斯瓦松，罗马在高卢之势力自此一蹶不振。克罗维斯以斯瓦松为首都，在高卢北部开始建立其法兰克王国。

496A.D. 齐建武三年 魏太和二十年

魏定族姓，清流品。魏改汉姓，禁讲鲜卑语。

498A.D. 齐建武五年 永泰元年 魏太和二十二年

齐大杀高帝、武帝子孙。七月，齐高宗明皇帝死，皇太子宝卷嗣，后废，称东昏侯。林邑王范诸农入朝于齐，溺死，以其子范文款为王。

499A.D. 齐东昏侯肖宝卷永元元年 魏太和二十三年

四月，魏孝文皇帝死，子恪嗣，是为世宗宣武皇帝。八月，齐始安王遥光起事，败死，齐帝因大杀大臣。诗人谢朓下狱死。

500A.D. 齐永元二年 魏景明元年

十二月，齐西中郎长史肖颖胄起兵江陵，奉南康王宝融为主。祖冲之死。谢赫著《左画品示》。

493A.D.

奥多里克（大王）统一意大利半岛，建东哥特王国，但名义上仍为隶属于东罗马之总督。

495A.D.

萨克逊人在其酋长刻尔地克与金利克之率领下，占领英格兰南部滨海之一部分地区，建威塞克斯（即西萨克逊）王国。

505A.D. 梁天监四年 魏正始二年

梁州十四郡皆陷于魏。氐帅杨集起等立杨绍先为皇帝。是岁，江淹死。

506A.D. 梁天监五年 魏正始三年

正月，魏拔武兴，虏杨绍先，仇池杨氏亡。

508A.D. 梁天监七年 魏正始五年

高车攻杀柔然佗汗可汗于蒲类海北，可汗子立为豆罗伏跋豆伐可汗。

509A.D. 梁天监八年 魏永平二年

三月，魏攻梁潺沟，大败。十一月，魏帝为诸僧及朝臣讲佛经，于是佛教大盛，州郡共有一万三千余寺。

510A.D. 梁天监九年 魏永平三年

四月，梁改用土流为尚书都令史。十月，梁行祖冲之大明历。

508A.D.

法兰克王国克罗维斯唆使奈普利恩（河滨）法兰克王之子克罗德利克杀其父西哲伯特，然后又以弑父罪遣人杀克罗德利克。奈普利恩法兰克人遂迹推克罗维斯为王，法兰克族至此完全统一。自此逐渐发展。

515A.D. 梁天监十四年 魏延昌四年

正月，魏世宗宣武皇帝死，子诩嗣，是为肃宗孝明皇帝；六月，魏冀州沙门法庆聚众，与渤海人李归伯起事，法庆自称大乘，所至毁寺、杀僧、焚经、烧像，九月，败死。魏胡太后临朝称制。

516A.D. 梁天监十五年 魏肃宗孝明皇帝元诩熙平元年

四月，梁筑淮堰成。九月，梁淮堰崩。魏修伊阙，作石窟寺。柔然伏跋可汗大破高车，杀其王，漆其头为饮器。

518A.D. 梁天监十七年 魏熙平三年 神龟元年

七月，魏河州羌却铁忽起事，自称水池王，八月败降。魏补刻嘉平石经。十月，魏遣宋云与惠生赴西域求佛经。文学批评家钟嵘去世。

520A.D. 梁普通元年 魏神龟三年 正光元年

二月，梁遣使册高丽世子安为高丽王，中途为魏所执。七月，魏侍中元乂杀清河王怿，幽胡太后。魏中山王熙以讨元乂等为名，起兵于邺，旋败死。柔然内哄，伏跋可汗被杀，弟阿那瓌立，兵败奔魏。

511A.D.

法兰克王国克罗维斯卒，四子分治其国：狄奥多里克一世领有北部（后称奥斯达拉西亚），契尔得伯特一世领有中部地区，以巴黎为首府；克罗多米尔领有高卢西部，罗亚尔河流域，以奥尔良为首府；克罗特尔领有故法兰克人发祥地（来茵河下游近海一带），以斯瓦松为首府。

525A.D. 梁普通六年 魏正光六年 孝昌元年

正月，魏徐州刺史元法僧称皇帝，国号宋，建元天启，旋为魏师所迫，降于梁。

526A.D. 梁普通七年 魏孝昌二年

魏五原降户鲜于脩礼帅北镇流民起事于定州左城。八月，鲜于脩礼为部下元洪业所杀，葛荣又杀元洪业自立。九月，葛荣称皇帝，国号齐。

527A.D. 梁普通八年 大通元年 魏孝昌三年

三月，梁帝舍身同泰寺，改元大通。魏尚书令肖宝寅据关中，杀御史中尉郦道元，自称齐帝。

528A.D. 梁大通二年 魏武泰元年 建义元年 永安元年

魏讨虏大都督尔朱荣举兵南下。魏胡太后杀魏明帝，立故临洮王世子钊为帝。尔朱荣立魏长乐王子攸为帝，是为敬宗孝庄皇帝，沉胡太后及幼帝钊于河。九月，尔朱荣击虏葛荣，平冀、定等五州。

529A.D. 梁大通三年 中大通元年 魏永安二年

五月，魏北海王颢入洛阳，改元建武。六月，尔朱荣入洛阳，迎还魏帝，北海王颢走死。九月，梁帝舍身于同泰寺。开中国首次无遮大会。

530A.D. 梁大通二年 魏永安三年

九月，魏帝杀尔朱荣。十月，尔朱兆等立魏长广王元晔为帝，改元建明。十二月，尔朱兆入洛阳，囚魏孝庄帝，旋杀之，大肆杀掠。

529A.D.

诺尔细亚之本内地克在半岛南部之蒙泰卡细诺组织修道院，本内地克派之修道院旋遍于各地，蔚为天主教会内部之一大势力。

534A.D. 梁中大通六年 魏永熙三年 东魏天平元年

二月，魏贺拔岳为侯莫陈悦所杀，岳部拥宇文泰为帅。七月，高欢入洛阳，大杀魏之大臣。十月，高欢立魏清河王世子善见为帝，改元天平，是为孝静帝，旋迁于邺，自是魏分东西。

535A.D. 梁大同元年 西魏文帝元宝炬大统元年 东魏天平二年

西魏宇文泰立南阳王宝炬为帝，是为文帝。

536A.D. 梁大同二年 西魏大统二年 东魏天平三年

三月，梁陶弘景死。

537A.D. 梁大同三年 西魏大统三年 东魏天平四年

高欢部多鲜卑人，“汉人”、“汉民”称呼开始出现。

532A.D.

印度玛尔瓦王雅梭达玛纠集诸国之军大破哌嗒。雅梭达统一北印度的大部，至其死后，国又瓦解。

534A.D.

汪达尔人从历史中消逝。

查士丁尼颁新法典。

537A.D.

不列颠国王阿瑟阵亡，成为传奇英雄。

君士坦丁堡的圣索非亚教堂完成。

548A.D. 梁太清二年 西魏大统十四年 东魏武定六年

正月，东魏大败侯景，景奔寿阳。屈僚洞僚人杀李贲，贲兄天宝入九真，率残部攻爱州，陈霸先击平之。八月，侯景反，据寿阳。十月，侯景围建康，梁临贺王正德附之。十一月，正德称皇帝。

549A.D. 梁太清三年 西魏大统十五年 东魏武定七年

五月，梁武帝死，皇太子纲嗣，是为太宗简文皇帝。七月，梁广州刺史元景仲附侯景，陈霸先起兵攻之，景仲自杀。

550A.D. 梁太清四年 梁简文帝萧纲大宝元年 西魏大统十六年 东魏武定八年 齐显祖文宣皇帝高洋天保元年

正月，梁邵陵王纶为都督中外诸军事、假黄钺、承制。西魏陷梁安陆，尽有汉东之地。五月，高洋称皇帝，改元天保，是为北齐显祖文宣皇帝，以东魏帝为中山王，寻杀之，东魏亡。九月，侯景为相国，封汉王。

548A.D.

南越 李贲死于屈僚地。贲自起至败共 7 年，越史称为前李南帝。时赵光复仍在夜泽与梁相持，国人称之为夜泽王。

550A.D.

斯拉夫各部落开始定居欧洲各地。

法国使用教堂钟，十字架开始作为装饰。

556A.D. 梁绍泰二年 梁太平元年 后梁大定二年 西魏恭帝三年 齐天保七年

西魏恭帝“禅位 ”于宇文觉。

557A.D. 梁太平二年 陈高祖武皇帝陈霸先永定元年 后梁大定三年 齐天保八年 周孝闵帝宇文觉元年 世宗明皇帝宇文毓元年

陈霸先称帝，是为高祖武皇帝。《玉台新咏》编成。

559A.D. 陈永定三年 后梁大定五年 齐天保十年 周武成元年

六月，陈武帝死，犹子临川王茜嗣，是为世祖文皇帝。八月，周天王始称皇帝。十月，齐文宣帝死，皇太子殷嗣，是为废帝。

560A.D. 陈天嘉元年 后梁大定六年 齐废帝高殷乾明元年 齐皇建元年 周武成二年

四月，周晋公宇文护杀周昭帝，立鲁公邕。八月，齐常山王演为帝，改元皇建，是为肃宗孝昭皇帝。

552A.D.

拜占廷帝国景教僧侣二人潜赴中国，偷运蚕卵，是为西方世界有丝业之开始。

意大利东帝查士丁尼大败东哥特人于泰吉拉。东哥特王国亡。

565A.D. 陈天嘉六年 后梁天保四年 齐河清四年 齐后主高纬天统元年 周保定五年

二月，周遣大臣如突厥，迎可汗女为后。四月，齐武成帝禅位于皇太子纬。

566A.D. 陈天康元年 后梁天保五年 齐天统二年 周天和元年

四月，陈文帝死，皇太子伯宗嗣，是为文帝。

568A.D. 陈光大二年 后梁天保七年 齐天统四年 周天和三年

三月，陈攻后梁江陵，败还。齐武成帝死。周取突厥女为皇后，龟兹音乐家随之入华。北响堂山开刻佛经。

569A.D. 陈高宗宣皇帝陈顼太建元年 后梁天保八年 齐天统五年 周天和四年

正月，陈安成王顼称皇帝。

567A.D.

法兰克王国查利伯尔特卒，兄弟三人分割其土地，法兰克王国自此形成三部分：一、奥斯达拉西亚（东王国），以利姆斯（朗期）为首府，居民之绝大多数为日耳曼人；二、伯艮地，以奥尔良为首府；三、纽斯特里亚（西方土地），以斯瓦松为首府。后两部分绝大多数居民为罗马克勒特人（或称高卢罗马人）。

576A.D. 陈太建八年 后梁天保十五年 齐武平七年 隆化元年 周建德五年

齐安德王延宗称帝于晋阳，改元德昌；周旋陷晋阳，俘延宗。

577A.D. 陈太建九年 后梁天保十六年 齐承光元年 周建德六年

正月，齐帝传位太子桓，自为太上皇帝。周陷邺，周师追至青州，俘齐太上皇帝及幼帝等。齐亡。

578A.D. 陈太建十年 后梁天保十七年 周建德七年 宣政元年

四月，突厥入周幽州，大杀掠。六月，周武帝死，皇太子赟嗣。

579A.D. 陈太建十一年 后梁天保十八年 周宣帝宇文赟大成元年 周静帝宇文阐大象元年

周宣帝自称天元皇帝，传位太子阐。五月，突厥掠周并州。

580A.D. 陈太建十二年 后梁天保十九年 周大象二年

五月，周宣帝死，子静帝宇文阐年幼，杨坚为假黄钺、左大丞相，百官总己以听。六月，周复行佛道二教。周杨坚为相国总百揆，进爵为随王。坚大杀周宗诸王。

576A.D.

新罗真兴王信佛，末年披剃，自号法云，其妃亦为尼。

拜占廷帝国与波斯人战事再起，大战于美利地里，获得胜利。拜占廷势力自此扩充至里海滨。

敦煌石窟北凉时期交脚弥勒菩萨头部

北凉灭西凉

西凉嘉兴四年（420）七月，北凉攻破西凉都城酒泉，西凉灭亡。

北凉，为卢水胡人沮渠蒙逊于隆安五年（401）所建，都于张掖。412年，蒙逊称河西王，改元玄始。蒙逊即位后，曾屡败西凉李氏，与西凉积怨很深。义熙十三年（417），西凉李暠病死，其子李歆嗣位。此后，李歆大兴土木，屡征民役，并于嘉兴四年（420）七月，不听劝阻，亲自出兵讨伐北凉。而此前北凉也已有灭李氏之心，为诱西凉，故意扬言南讨西秦。李歆果然上当，带兵来攻。蒙逊派兵伏于边境，大败西凉军队，并击杀李歆。蒙逊乘势西进，占领酒泉。李歆弟敦煌太守李恂闻讯后，守据敦煌自称冠军将军、凉州刺史，继续与北凉对抗。421年3月，蒙逊发兵2万，围攻敦煌。蒙逊在城外三面筑堤，以水灌城。敦煌城失陷，李恂自杀身亡。蒙逊占有西凉之地后，号令严明，秋毫不犯，西凉旧臣有才望者，一律加以录用。由于蒙逊安抚有方，西凉地区虽经变乱，但社会稳定，国泰民安。

北凉白双且造像塔

“五胡乱华”与十六国的形成消长

从 304 年刘渊建立汉国到 581 年杨坚建立隋朝，几乎两个半世纪，中国北方陷入分裂战乱状态。黄河流域广大地区处于少数民族统治之下。二百多年的民族大激荡，内迁各族和沿边各族纷纷登上历史舞台，建立政权，使这一时期的民族关系呈现出错综复杂的局面。

五胡于惠帝末期开始大规模的叛乱，10 余年后便占有整个北方。从惠帝永兴元年（304）匈奴刘渊称王起，下至南朝宋文帝元嘉十六年（439）北魏拓跋氏统一北方止，在这 136 年间，他们陆续在北方建立了十几个国家，与南方的汉族传统政权东晋相对峙。其间汉人也曾在北方先后建立了几个小国。史家把这段时间内，在中国境内汉族传统政权版图以外地区建立的国家，统称为“十六国”。这种说法是因袭北魏时崔鸿撰写“十六国春秋”而来。

十六国的名称是匈奴族所建的前赵（刘氏）、北凉（沮渠氏）、夏（赫连氏）；羯族所建的后赵（石氏）；鲜卑族所建的前燕、后燕、南燕（以上 3 国均慕容氏所建）、西秦（乞伏氏）、南凉（秃发氏）；羌族所建的后秦（姚氏）；氐族所建的前秦（苻氏）、后凉（吕氏）、成汉（李氏）；以及汉人所建的前凉（张氏）、西凉（段氏）、北燕（冯氏）。在同一时期，常有两个以上的国家并立，但从无十六国并立的事。

永嘉乱后胡族在荒圮的帝国废墟上竞行建国。他们的兴衰约可分为为 5 期：第一是赵、蜀和东晋三国鼎立时期。中原迭为匈奴刘氏的前赵与羯族石氏的后赵所据，氐族李氏所建的成汉则僻据巴蜀，与偏安江南的东晋政权相对抗。第二是前燕、前秦与东晋鼎立时期。鲜卑慕容氏的前燕与氐族苻氏的前秦分据北方，南方仍为东晋。第三是前秦与东晋对峙期。前秦

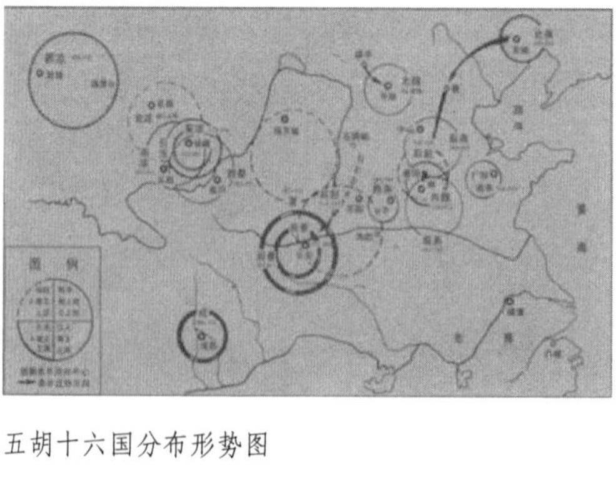

五胡十六国分布形势图

嘎仙洞刻文。嘎仙洞内的刻文，是北魏时镌刻的，记述了鲜卑族的起源与先祖的业绩。

苻坚灭前燕，统一北方，号称极盛，与东晋南北对峙。第四是后秦、后燕与东晋鼎立时期。苻坚发动南侵，败于淝水，北方再度分裂为诸国并立状态，其中以鲜卑慕容氏的后燕及羌族姚氏的后秦最强。第五是北魏、夏、凉与东晋并立时期。北方诸胡混战，东晋刘裕发动北伐，灭南燕、后秦等，旋即退兵。北方复陷于分裂局势，匈奴赫连氏屡据关中，鲜卑秃发氏的南凉与匈奴沮渠氏的北凉迭据西北。同此时期，鲜卑拓跋氏厉行复国运动，建立北魏，渐有统一列国，结束五胡乱华之势。

汉、前赵、后赵　刘聪灭西晋后，匈奴族的汉国控制了黄河中下游的广大地区。318 年，刘聪病死，外戚靳准杀新继位的刘灿及刘氏家族，坐镇长安的刘曜遣兵族灭靳氏，迁都长安，改国号为赵，史称前赵。次年，割据河北的石勒称赵王，都襄国，史称后赵。羯人石勒（274 ~ 333）在投靠刘渊后逐渐控制了河北广大地区。后赵建国前后，石勒利用矛盾各个击破，逐步削平了敌对的幽州王浚、并州刘琨、青州曹嶷等势力，公元 328 年洛西一战擒获因酗酒而酩酊大醉的刘曜，次年攻入关中灭前赵。330 年，石勒称帝，迁都邺城。除河西前凉张氏外，基本上统一了北方。石勒在政治上很注意拉拢汉族失意士人，石勒还恢复九品中正制度，并通过察举、考经等办法，为士人参政广开门路。石勒设太学，使“胡”族贵族子弟入学，学习汉族文化。333 年石勒死，他的侄子石虎杀太子石弘自立为帝，石虎是一个嗜杀成性、荒淫无耻的暴君，愁怖病死。

嘎仙洞，位于今内蒙古鄂伦春自治旗阿里河镇北大兴安岭北段东端，是鲜卑族的发祥地。

冉魏　石虎死后，诸子争位，汉人冉闵掌握了后赵兵权，乘机夺得政权。石虎之子石只在襄国称帝，“六夷”纷纷响应，东晋政权坐视不救，冉闵无日不战，352 年被从辽西南下的鲜卑慕容部灭。

前凉　从“八王之乱”到“五胡乱华”，西晋凉州刺史张轨及其子张寔

佛像。炳灵寺西秦时期作品。

守土保境，中原人民纷纷前来避乱，张氏子孙世守凉州，人民生活比较安定。汉族士人在那里传授儒学，保存了中原失传的一些经籍和学说。

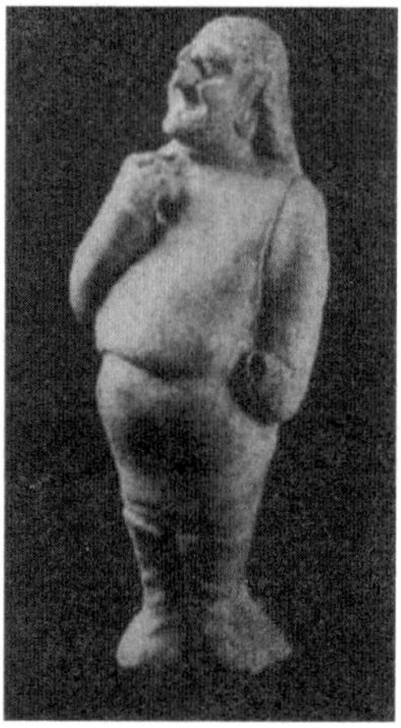

胡人俑。北魏时代文物。“胡人”是古代中原人对北方草原游牧民族的泛称。

前燕　建立前燕的鲜卑慕容部又称“白部”，居住在辽河流域。晋末中原大乱，一批汉族官僚地主带着宗族、部曲以及大批流民避乱迁居辽西。廆死，子皝于 337 年称燕王，建立了前燕，都龙城（辽宁朝阳）。定居农业使鲜卑慕容部开始走上汉化的道路。348 年，慕容皝死，子儁继位，他乘石虎死后冉闵代赵时的混乱局面轻而易举地击灭了冉魏，于 352 年称帝，迁都邺，控制了中原，与关中的前秦东西相峙。慕容儁死后，由年仅 11 岁的儿子慕容暐继位，政治局面开始逆转。统治集团日益腐化，前燕国势日益衰败，370 年为前秦所灭。

前秦　前秦政权由氐族建立。当冉闵屠杀胡羯时，关陇氐羌流民相率西返，居于枋头（河南浚县西南）的羌酋苻洪趁机收罗，聚众十多万，自称三秦王，苻洪死，子健继立，公元 351 年自称天王，国号秦，都长安，建立了前秦。苻健死，继位的苻生极其荒淫残暴，苻健的侄子苻坚在宗室大臣和宿卫将士支持下，杀苻生，做了大秦天王。苻坚重用汉族寒门士人王猛，进行了一系列改革。广立学校，提倡儒学，把注意力放在恢复和发展生产方面，370 年，灭前燕。376 年，发兵灭前凉。同年，又出兵灭鲜卑拓跋部在代北建立的代国，统一了北方。383 年，苻坚发兵 90 万，企图一举攻灭东晋，在淝水战场上，晋军获得了巨大胜利。前秦统治迅速土崩瓦解。前秦瓦解后，原苻坚控制下的各族尊酋领纷纷建立自己的政权，北方重现了严重的分裂局面，出现了

说法图。北凉时期敦煌壁画。

交脚弥勒菩萨。北凉时期敦煌彩塑

佛头部。北魏时期敦煌彩塑。

13 个政权。

关东诸燕　在关东地区，前燕贵族慕容垂收罗旧部，集众 20 万，于 384 年自称燕王复国，定都中山（河北定县），史称后燕。次年，前燕帝裔慕容冲在关中称帝，386 年率鲜卑 30 余万众进入山西，建都长子（长治），史称西燕。同年鲜卑拓跋珪在代北复国，都盛乐（内蒙古和林格尔），后改国号魏，史称北魏。395 年拓跋铁骑长驱直入中原，后燕被截为南北两部，一部由慕容德率领南下定都广固（山东益都），史称南燕，至 410 年被晋刘裕北伐军所灭；另一部退还龙城，由于政治昏乱，政权被汉人冯跋取代，史称北燕。北燕在辽西割据 20 余年，于 436 年为北魏所灭。

关中秦、夏　关中地区羌酋姚苌于 384 年起兵渭北，386 年姚进入长安称帝，国号大秦，史称后秦。姚苌任用汉族士人，整饬吏治，使前秦末年的混乱局面有所改观。姚苌死后，姚兴（366 ~ 416）继位。417 年被东晋刘裕北伐军所灭。

赫连勃勃是匈奴左贤王刘卫辰之子，407 年，他自称大夏天王，国号夏，都统万（陕西横山）。铁弗部受汉文化影响较少，长期游牧统治一直不稳，427 年被北魏所灭。

陇右诸国　在陇右河西走廊一带，先后建立过五个短期小王国。鲜卑乞伏部乞伏国仁建立西秦（385 ~ 431），都苑川（甘肃榆中）；氐人吕光自西域退回河西，建立后凉（385 ~ 403），都姑臧（甘肃武威）；鲜卑秃发部秃发乌孤建立南凉（397 ~ 414），都廉川堡（青海东都）；卢水胡沮渠蒙逊建立北凉（397 ~ 439），都张掖；汉人李嵩建立西凉（400 ~ 421），都敦煌。

由于这一地区经济水平较低，民族关系复杂，没有一个民族能够在这里起主导作用。

昙无谶翻译佛经

北魏弥勒佛像

魏晋南北朝时期，佛经更多地传入和翻译，加速了佛教的传播。昙无谶就是从印度东来的著名译经家之一。

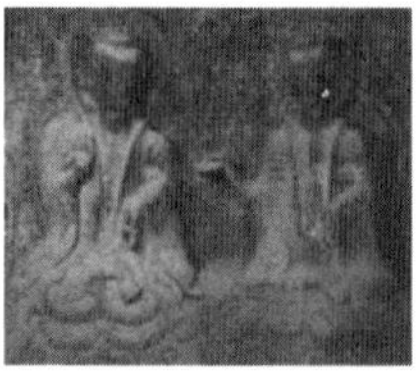
炳灵寺北魏释迦、多宝二佛及二菩萨像龛

昙无谶［又作昙摩谶、昙谟谶、昙摩罗谶（意译法护）］，中天竺高僧。初学小乘，后改习大乘。后因事得罪本国国王，遂经罽宾、鄯善而到敦煌，以翻译佛经为业。北凉王沮渠蒙逊笃信佛教，久闻昙无谶之名，遂于北凉玄始十年（421）三月迎昙无谶到姑藏，主持佛经翻译。昙无谶先后译出大乘经典 11 部，共 113 卷，即：《方等大云经》4 卷、《方等大集经》29 卷、《方等王虚空藏经》5 卷、《金光明经》4 卷、《海龙王经》4 卷、《菩萨戒本》1 卷、《菩萨地持经》8 卷、《菩萨戒本卷优婆塞戒》7 卷、《菩萨戒优婆（塞）戒坛文》1 卷、《悲华经》10 卷、《大般涅槃经》40 卷。此经重点阐明佛性说，开中国佛理派，影响较大。在传习佛经方面，昙无谶主张一切众生都具备自觉成佛的佛性，引起佛教界争论，创涅槃师学派。

北凉义和三年（433），北魏拓跋焘听说昙无谶道术高妙，遣使邀请，昙无谶请求西归，蒙逊怀疑他有异心，派人刺杀了他。

寇谦之起天师道场·弘扬道教

北魏泰常八年（423），魏道士寇谦之起天师道场。

寇谦之，字辅贞，原籍上谷，后居冯翊万年。其家世代信奉天师道，因而谦之从小就修习张鲁之术，服食饵药，如此多年，却无效果，便转而研习西方天算医药之学，始通养生延年之道，于是决心改革天师道，提出“清整道教，除去三张（张修、张衡、张鲁）伪法”的口号。他革除原天师道中收租米的旧规，取消房中术，提倡服气导引修炼之术。同时他模仿佛教的戒律轨仪，制定了一套道教的戒律，使道众行为受到约束。寇谦之的这些改革净化、规范了天师道，从而有利于获得更多的徒众。

北魏太武帝拓跋焘就是这样一个笃信道教的人，他的大臣崔浩也是一个道教信徒。魏始光元年（424）正月，寇谦之便来到魏都平城，自称有老子玄孙李谱文授予的《箓图真经》和劾召鬼神的法术，并受神嘱前来辅佐北方的“太平真君”，为此，作为“太平真君”的魏帝应该弘扬道教。拓跋焘和崔浩都深信其说，遂隆重迎接寇谦之及其弟子到平城，封寇为道教天师，并听从寇谦之的建议在平城东南起天师道场，内筑5层重坛，又诏令天下信奉寇谦之的天师道。太平真君元年（440），拓跋焘改元“太平真君”，以应天命。自此，道教在北魏盛行开来，并受到北魏各代皇帝的崇奉。

炳灵寺石窟开建

禅定图局部，菩萨、飞天、供养人。炳灵寺石窟时期作品。

东晋十六国时，割据甘肃西南一带的鲜卑西秦（385 ~ 431）政权，于西秦建弘元年（420）开建了炳灵寺石窟，成为当时与麦积山石窟齐名的佛教胜地，续至唐代，明以后逐渐湮没。

炳灵寺石窟位于甘肃省永靖县西南35公里的小积石山中。原称唐述窟，唐称灵岩寺，宋改称炳灵寺，是藏语音译，取十万弥勒佛洲之意。从西秦开建以来，到明代为止历有续建、修复活动。现存窟龛共196个，主要集中在下寺沟西侧南北长350米、高30米的壁面上，其余的零星分布在附近的上寺、洞沟、佛爷台等地，方圆约7公里。

炳灵寺石窟北魏时期石雕佛像

建弘元年（420）建造的第169窟第6号龛，侧面有墨书题记：“建弘元年岁在玄枵三月廿四日造”，是迄今所发现的中国石窟建筑的最早纪年题记。它为东晋十六国晚期的石窟断代提供了重要标尺。此窟是西秦时代的代表窟，位于窟群的北端，距地面约45米，是个进深19米、高14

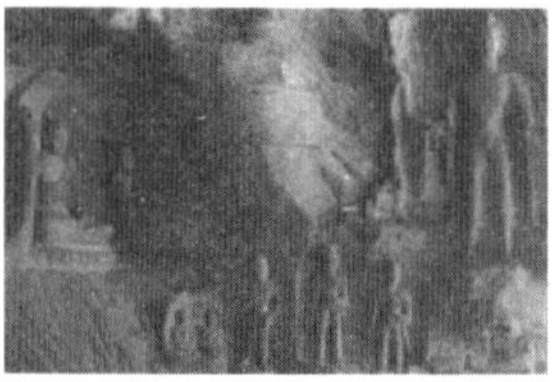
炳灵寺佛龛。西秦时期作品。

米、深27米的自然洞穴。第6号龛是一个高1.7米、深0.76米、宽1.5米的摩崖小龛，塑有无量寿佛和观世音、大势至二菩萨。佛体端庄健硕、刚毅，佛背光上有伎乐飞天。其他龛的年代较第6龛的或稍有早晚，还间有北魏至隋代的作品。最早的龛像都是单身佛像，风格古朴，代表了中国石窟造像最早水平。它们的布局因地制宜，没有统一的格局。窟内的壁画，是现存最早有确切年代的壁画，是仅存的西秦壁画。属于西秦时期的还有第1龛，称摩崖大龛，在窟群南端，曾经明代妆銮、重塑。北魏延昌（512～515）年间前后，炳灵寺石窟群中段又有大规模开窟活动。

北周洞窟的遗存数量较少，洞窟形制和北魏的较相近，造像风格却趋于写实。隋代的部分壁画保存较好，展现了由魏晋南北朝向唐转变的特点。唐代窟龛的数量占总数的三分之二以上，保存有134处，多是露天的摩崖小龛，在造像组合和雕塑风格上都具有明显的时代特色。宋代以后，建设不足，破坏有余，一些洞窟中的若干密宗题材壁画只在元代得以重绘。

智猛西行返国

魏晋南北朝时期，中外文化交流继续发展。外国使者和商人不断前来，中国也陆续有人外出。尤其这一时期佛教交流活跃，国内西行者较多，继张显西行之后，智猛又再次西行，进一步加强了中国与西邻一些国家的联系。

智猛，雍州京兆新丰（陕西临潼东北）人。后秦弘始六年（404），与同侣沙门15人结伴从长安（今陕西西安西北郊）出发，经河西走廊出阳关，向于阗西南行2000里，登葱岭，翻雪山，到达罽宾国（今克什米尔）。接着再向西南行至迦毗罗卫国（今尼泊尔南境），最后至华氏城。在那里智猛留学达20年之久，学习天竺语言，研究当地风土人情，但主要钻研佛学。北魏太武帝始光元年（424），智猛自天竺返国。同行沙门有9人中途退回，4人相继病死，只有智猛、昙纂两人回到凉州。在西游过程中，智猛著有《游行外国传》，可惜已散佚。

崔浩撰《国书》

北魏太武帝神䴥二年（429）四月，崔浩撰《国书》。

北魏道武帝拓跋珪在位时，“好览史传，以刘向所撰《新序》、《说苑》，于经典正义，多有所缺，乃撰《新集》30集，采诸经史，该洽古义”（《魏书·太宗纪》）。由读史而至修史，可见道武帝对历史的深厚兴趣。又因设官修史是每个封建王朝必做的事，所以，拓跋珪建魏不久，就任命尚书邓渊撰写《国记》，未及写成，邓渊就去世了，修史工作也因此而停止。北魏太武帝神䴥二年（429）四月，太武帝拓跋焘命崔浩与邓渊的儿子、中书侍郎邓颍完成邓渊未竟之事。崔浩等便在邓渊《国记》的基础上继续编成国史，名为《国书》，共30卷。

《国书》系南北朝时期记一国之事的历史，代代有传。后来（450年）崔浩奉旨继续撰写北魏历史时，终因直笔书事而被杀。

魏伐柔然

北魏石殿。方砚正中突出边长为12厘米的正方形砚盘，以联珠纹和莲花纹作花边。

北魏太武帝始光二年（425）十月和神䴥二年（429）四月，太武帝拓跋焘两次出兵讨伐柔然。

柔然是在4世纪末开始兴起的，至5世纪时已在今蒙古草原建立了一个强大的游牧民族政权，控制了东起大兴安岭，西抵焉耆，南临大漠，北至西伯利亚的广大地区。柔然统治集团一直把战争作为增加财富和奴隶的手段，不断地向四邻进行掠夺。为了防御柔然的进攻，北魏在北部沿边设置许多军事重镇，配备重兵把守，又在京师平城周围建立了6个军事重镇，用以拱卫京都。北魏始光元年（424）八月，柔然可汗大檀乘北魏明元帝病死之际，率骑兵6万攻占云中盛乐宫，魏太武帝拓跋焘御驾亲征前往讨伐。军至云中时，被柔然大军包围，虽然拓跋焘镇定退敌，但他以此为耻，发誓要报仇雪恨。始光四年（427）七月，柔然乘拓跋焘亲征夏国、国内空虚的时机，再次出兵进犯云中。神䴥二年（429）四月，拓跋焘亲率数万骑兵，渡过戈壁大沙漠，直指柔然可汗庭。大檀可汗率众焚烧庐舍，向西逃窜。柔然部落无主，一时四散，畜产遍野。太武帝自栗水西行，至菟园水，俘虏和斩杀了众多柔然士兵。被柔然奴役的高车部落乘机摆脱柔然统治，先后有30万户居民归附了北魏。柔然受此深重打击，力量大大削弱。七月，大檀可汗气闷发病而死，其子吴提即位，号敕连可汗，其后10年间双方无大的战事。

太延五年（439），吴提可汗乘魏太武帝攻打北凉之时，重新率部南侵。太平真君十年（449）拓跋焘两次北征，柔然远循，魏军收其辎重，俘获大批人口和牲畜，柔然自此开始走向衰落，并于6世纪中叶，被突厥和西魏共同剿灭。

中国绘画进入繁荣时期

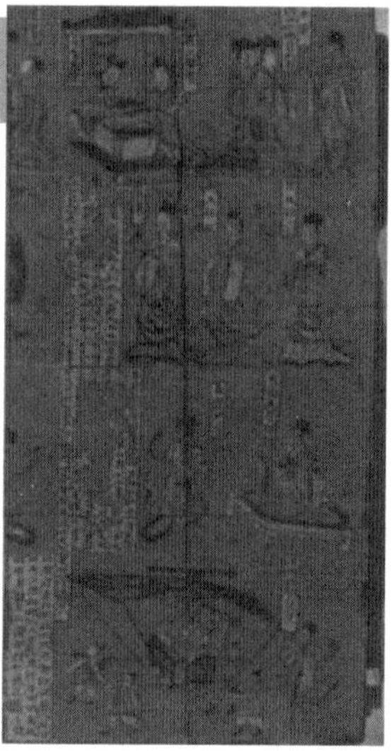

北魏屏风漆画列女古贤图

魏晋南北朝时期，由于汉末以来儒学礼教地位的动摇，人们获得了一定程度的思想解放，加上名士出现、清谈之风盛行、玄学兴起、佛教对社会生活产生影响，在这样的思想文化背景下，各类艺术都取得了辉煌的成就，文学蓬勃发展，绘画也逐渐形成独具特色的中国风格，产生了历史上第一批绘画大宗师，第一批有摹本流传的名画和第一批论画的著作。中国绘画进入了繁荣时期。

这一时期，创作队伍一经形成，便产生了许多对后代影响深远的名画家，如曹不兴、卫协、顾恺之、陆探微、张僧繇等，都在绘画史上占据重要地位。历代论画著作记载了许多这时的画家及作品，南齐谢赫所著的《古画品录》中收画家27人，陈朝姚最的《续画品录》收画家20人，唐朝人张彦远所著的《历代名画记》中更是收录魏晋时代画家128人。可见当时画家之多，画风之盛。

仪仗画像砖

魏晋时期民间美术活动也十分兴盛，创作

北齐周荣祖造像石刻画

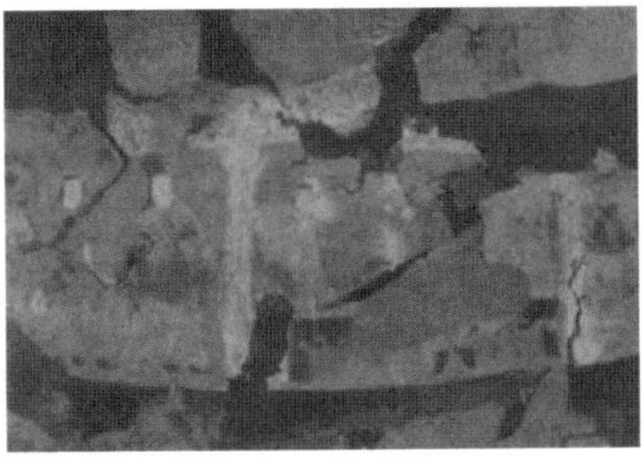

北魏漆棺彩画

技巧日益提高，出现了像嘉峪关墓室砖画、司马金龙墓漆屏风画、邓县彩色画像砖、孝子棺石刻画等有着成熟技巧的作品。绘画艺术依靠民间活动和专业创作的相互促进而不断发展。尤其不同于汉代的是，美术作品不再是经史的附庸，而是作为艺术创作取得了独立的地位，成为可以给人以美感享受的艺术品。

在绘画题材方面，这一时期已不局限于图解经史，而是呈现出多样化的局面。出现了以文学作品和佛教圣贤为对象的作品，前者以晋明帝司马绍的《洛神赋图》为代表，后者以由魏入晋的荀勗的《维摩诘像》为代表。还出现了大量描写现实生活的作品，这类作品中肖像画尤其受到重视，人们要求画像要有“悟对通神”、“览之若面”的效果。同时也出现了以描绘少数民数风俗为题材的画。历史题材的画也在继续发展，晋明帝的《殷汤伐桀图》是此类题材的代表作。

在艺术表现手法上，此时的绘画形式以长卷式为主，这不仅表现在顾恺之的《女史箴图》、《洛神赋图》等传世作品中，而且在孝子棺石刻画、竹林七贤图，甚至邓县彩色画像砖中也采用了这类形式。这时期的构图技巧有了提高，绘画风格也呈现出多样化。在表现人物面貌、精神气质上有着“张（僧繇）得其肉、陆（探微）得其骨、顾（恺之）得其神”的区别。技法上更是各有千秋：顾恺之、陆探微采用笔迹周密的密体；张僧繇采用“笔才一二，像已应焉”的疏体；图画中有用线如春蚕吐丝的传统表现方法，也有其体稠叠、衣服紧窄的“曹衣出水”式。在人物形象创

飞天。飞天，在佛教艺术中被称为香音之神，是能奏乐、善飞舞、满身香馥的菩萨。飞天是敦煌壁画中的一大主题，图为北魏时期龛壁上的双人飞天。

作上，陆探微创造的以“秀骨清像”概括同时代社会名流的类型是十分成功的。当时与西方交往的扩大促进了中原文化与少数民族及国外文化的交流，也大大丰富了传统的表现技法。

绘画理论著作的出现是当时绘画全面繁荣的必然产物。当时的绘画理论以顾恺之、谢赫的画论为代表，其精髓是重气韵、重人物风貌、气质、重人物的传神写照，这对后来的历代画家产生了很深的影响。

魏晋南北朝还是山水画和花鸟画的萌芽时期。花鸟画当时只处于孕育阶段，发展得比山水画晚。山水画的发展不仅因江南秀丽的山水给人以自然美的享受，也跟当时玄学思想的盛行、玄学之士标榜隐逸有关。顾恺之的《画云台山记》记录了作画的完整构思；刘宋时著名的山水画家宗炳的《画山水序》叙述了他的山水画理论，他的画代表着早期山水画的面貌；与他同时的王微写了《叙画》，这些文字都是探讨山水画起源的重要资料。

魏晋南北朝时期画坛高手活跃于南北各地，其中不仅有嵇康、谢灵运等名士，甚至魏少帝曹髦、晋明帝司马绍、梁元帝

中国文化进入佛教影响时代

佛本生故事。在各地庙宇、洞窟壁画中，“佛本生故事”是重要的内容，表现释迦降生人世的情形。图为新疆克孜尔佛寺遗址中的“佛本生故事”壁画。

魏晋南北朝时期，自印度传入的佛教在中国大为兴盛，影响波及各个阶层。随着中国佛教不断吸收和消化印度佛教，并不断与传统文化冲突与调和，中国文化开始进入佛教影响时代。

东晋十六国时期佛教已广泛普及，不仅有专供僧人居住的僧坊、寺院，士大夫中还有舍宅为寺的风气；南北朝时期佛教更是发展至鼎盛，单佛寺建筑就有壮观场面。北魏兴定元年至太和元年（454～477），平城建寺 100，全境有寺 6478 所，迁都洛阳至宣武帝延昌年间，寺院达 13727 所，仅洛阳城就有 1367 所；当时的高僧都受到君王的恩宠和礼遇，佛教组织也迅速发展，北

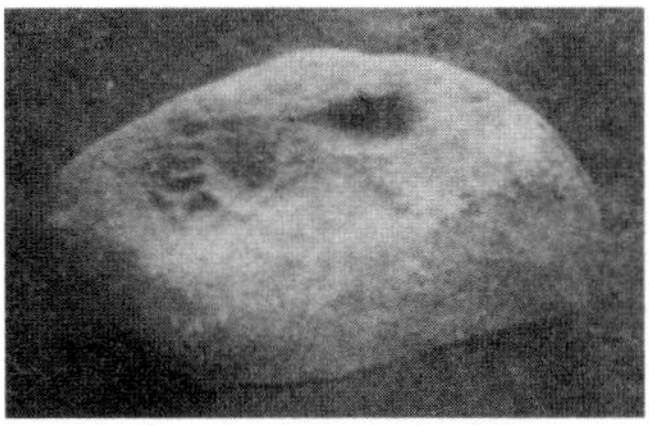

佛足，佛教传入中国后，在中国各地留下了很多关于佛陀的传说和遗迹。这是存于西藏玛拉寺的石脚印，据传是释迦牟尼的足印。

魏末全国僧人达200万之众；而随着佛教信徒西行求法运动的发展，大规模和系统地翻译介绍佛教学说及经典成为必然，北魏译经高潮时有1900多卷；南北朝的君王帝后都尊崇佛教，除了礼遇高僧，广修佛寺、开窟雕像外，还有自己舍道归佛的，如梁武帝萧衍，曾数次舍身寺院，称自己是“三宝（佛、法、僧）之奴”，然后让朝廷用重金赎回，由此充实了寺院经济。此外他还讲经说法，著书批判范缜的神灭论，佛教在南方的普及离不开他的功劳。

随着佛教的兴盛与发展，作为一种外来文化，它开始以一种融和的姿态进入中国文化主体，对中国的政治、经济、文学、建筑、绘画、雕塑、音乐、民俗等方面产生深远的影响。

佛教迅速传播的魏晋南北朝，却是以道德伦理、经世致用见长的传统儒学衰落的时期。在当时特殊的社会环境里，士大夫们感到传统的读书报国观受“九品中正制”的贬斥，清谈玄风开始盛行，而玄学的以道注儒，提高了士子哲学思辩能力，为佛教哲学奠定了思想基础。另外统治者要填补精神恐慌，劳动人民要从现实苦难中求解脱希望，这些都使佛教思想因迎合了不同阶级的心理需要而迅速兴起，再加上它自身精深的思辩理论、形象生动的传教方式和缜密的宗教组织，使它急剧发展，并渐渐深入人心。

传戒图。释迦牟尼创教后，广传弟子，佛教得以迅速发展，此后传经受戒成为佛教徒的主要活动。清任熊绘的《传戒图》，生动地反映出受戒时的情形。画中戒师端坐于莲座之上，座下分站受戒僧众，皆为中华人物形象。

佛教从“外来方术”变成一支很有影响的意识形态和社会力量，引起了儒、道两教的关注。因为在价值观、人生观、伦理观等方面存在着分歧，儒、释、道三教在历史上有过几次大的理论冲突，在政治上则表现为相应的限佛、灭佛和兴佛运动。儒、释、道三教的理论冲突主要发生在南方。就沙门是否应该跪拜敬王、有无因果报应、佛教有无在中国传播的合理性以及神灭神不灭而展开讨论。东晋时期出现第一次理论冲突，儒佛两家各自的代表人物庾冰与何充、桓玄与慧远就沙门是否该跪拜王者讨论了两回；刘宋时期出现了第二次理论冲突，佛教的因果报应说受到儒家批判；宋末出现了第三次大的理论冲突，道士顾欢借“夷夏之防”论反对佛教在中国的传播，受到佛教徒反击；梁代则出现第四次大理论冲突，唯物主义思想家范缜著《神灭论》批判佛教的“神不灭论”，受到佞佛的梁武帝所组织的高僧名士著文围攻。矛盾冲突在政治上的表现更为激烈，如北魏太武帝太平真君七年（446）和北周武帝建德三年（574）先后发动灭佛事件。南方主要表现为限制佛教发展规模。事实上佛教学者在改造、创新后，使佛教更迅速发展，社会上又有了兴佛运动。

在不断的冲突中三教相互渗透吸收，它们的冲突过程同时也是它们融合的过程，融合依据了本末内外论、均善均圣论、殊途同归论等理论。如佛教般若学派依玄学而流行；慧远迎合儒家名教，调和儒佛矛盾；道安说“不依国主，法事难立”。可以说三教的冲突与合同塑造着中国文化心理。另外，在文学上，佛教的传入，导致音韵学“四声”的发明和诗词格律“八病”的制定；佛教的宇宙观给了文人新的意境和创作题材；佛教也给了中国文学超越时空的浪漫，为创作提供了新思维、新语汇。

佛教使印度绘画技术传入中国，在传统绘画技巧与印度佛教绘画技术结合后，中国绘画艺术得到高速发展。南北朝时佛画是绘画艺术的主要题材。历代画家著名者大多精于佛画，如三国吴的曹不兴、晋顾恺之和卫协被称为汉地最早的三大佛画家，北齐曹仲达的画后世称为“曹衣出水”。在雕塑方面，由于佛教宣传的需要，使得佛教丰富多彩的宗教想象给了中国雕塑艺术很大推动，在内容上从

北魏广元千佛崖大佛窟南壁胁侍菩萨

东晋顾恺之所绘《女史箴图卷》中的好女形象

表现人和动物为主变为佛和众神为主，艺术形式则由简朴明直发展为精巧浑熟。敦煌、龙门、云岗三大名窟是传世珍宝。在音乐方面，佛教“呗”的音乐融和宫廷音乐、民间音乐，有着极大的感染力，对中国音乐颇有影响。此外佛事活动与节日给中国人的社会生活带来影响，如忏法活动从晋代道安和慧远后历代相沿；佛陀的诞辰、成道、涅槃日成为重要节日，观音与地藏菩萨在汉地民间颇受信崇，逢其诞辰，都有重大佛事活动。自此佛教成为中国文化重要组成部分，中国成为了佛教国家。

胡人妇女风情入主中原

北魏屏风漆画列女古贤图（局部）

魏晋南北朝时期，我国历史外出现了第一次民族大融合高潮。北方的游牧民族开始进入中原，汉族和少数民族混杂而居，互相通婚，和睦相处，精神风貌大异于以往，突出的一点是：胡人妇女风情入主中原，故魏晋南北朝时妇女的社会地位与其前代时代相比，是比较高的，她们的精神生活相对丰富而充实。

入主中原的北方游牧民族脱离原始社会阶段的时间大多较迟，在它们的社会里，母系氏族社会的风俗浓重，如在乌桓族，妇女倍受尊宠，氏族内的事务，除战争以外，几乎都由妇女主持和安排；鲜卑族拓跋部也是一个明显的例子，而且它对中原汉族社会影响最大。在建立北魏王朝以前，拓跋部的社会刚刚脱离母系氏族社会不久，母权制的影响还非常明显，妇女经常干预部落联盟议事，部落的最高权力也通常为女子执掌，一直到北魏建立时，仍有开国皇帝道武帝拓跋珪的母亲贺氏干预部落联盟议事的现象。

北魏屏风漆画列女古贤图（局部）

河南邓县出土贵妇出游画像砖

拓跋部入主中原后，母权制的遗风仍旧顽强地存在，并且影响了整个北朝的政治。文明太后冯氏是文成帝的皇后，她曾两次临朝听政，并在北魏王朝的太和改制中起了关键性的作用；宣武帝元恪的皇后灵太后胡氏，也曾控制北魏朝政十多年。更有太武帝的保姆惠太后、文成帝的乳母昭太后干预北魏朝政的历史，于此也可说明在北魏王朝的政治生活中，妇女所起的作用是不容忽视的。

进入中原的游牧民族妇女，不单在政治生活中，而且在社会交往中以及家庭生活中也都占有比较高的地位，从魏晋到北齐、北周一直如此。经常出现妇女主持家庭，出面打官司，代儿子求官，为丈夫诉屈，甚至拉关系、走后门等现象。这种作风不可避免地影响到汉族的士大夫家庭，致使汉族士大夫之家也是阴盛阳衰者居多，汉族妇女在家庭生活中地位明显提高。

因游牧民族风俗的影响，差不多从三国时代（其时已出现民族大融合的趋势）开始，汉族妇女风情发生了巨大的变化，颇有“胡风”。虽然她们在汉族王朝中登上政治舞台的为数不多，但在社交界中表现得却十分活跃。曹魏陈留太守夏侯惇举荐卫臻为计吏时就曾让妇人出席宴会，是汉族妇女参加社交活动的较早的例子。西晋之际，士族妇女交游之风逐渐盛行，她们往往一群一伙地出游，一路喧哗，无所顾忌地招摇过市；她们不仅在许多公开场合抛头露面，在男女间的交际中也可达到交杯咫尺、促膝狭坐的地步。《世说新语》里记载有众女调戏潘安的事，是魏晋南北朝妇女无拘无束进行社会交往的表证。

社交方面的活跃，促使妇女们在爱情和婚姻上也表现得比较放达，热情奔放地追求爱情与婚姻自由的妇女不乏其人。如西晋贾充的女儿贾午，在宴席上相中了仪态潇洒、眉清目秀的韩寿，就坦率追求；其父对她的行动表示出开通和赞许。同一时代徐邈的女儿也是主动追求意中人而终成眷属的。这是和当时达观的爱情婚姻观念分不开的。

魏晋南北朝时期不仅不以少女追求爱情为非，也不以寡妇再嫁为耻。当时帝王如曹丕、刘备、孙权等娶的皇后，都是寡妇。东晋范宁给孝武帝上疏中称："鳏寡不敢妻娶，岂不怨给人鬼、感伤和气。"可见，当时不仅不反对寡妇再嫁，甚至有些人是抱鼓励态度的。

胡人妇女风情入主中原不仅体现在社交、爱情、婚姻与家庭生活上，更集中体现在当时妇女的精神面貌和文化生活中。东晋顾恺之的名画《<女史箴>图》为后世留下了当时妇女自然、潇洒、追求理想的风姿。当时知识女性的代表卫铄，也为后代留下了珍贵的书法作品。

胡人妇女风情中，也包括豪放、坚强的尚武精神。妇女习武，魏晋之前，史籍不多见，而在魏晋之时已成一个普遍的社会现象，流传至今的木兰代父从军故事便是一个最好佐证。而且，此时期妇女习武活动不仅是空前的，而且其俗绵延不绝。隋唐之时，妇女仍然尚武以及参加球类、棋类、杂技等体育活动，说明魏晋尚武之俗对后世是有相当影响的。

西秦灭亡

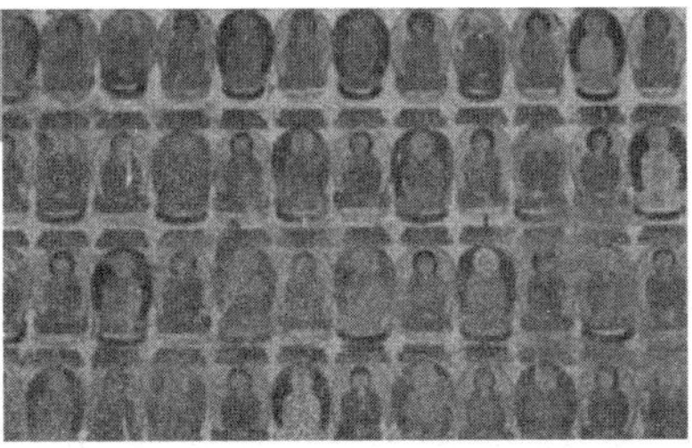
炳灵寺石窟西秦千佛图局部

永弘四年（431），西秦灭亡。

西秦，为陇西鲜卑乞伏氏集团所建。太元十九年（394）乞伏乾归首称秦王，至乞伏炽磐即位后，西秦灭南凉、连败吐谷浑，拓地到青海湖以东一带，进入鼎盛时期。宋元嘉四年（427），炽磐病死，其子乞伏暮末继位，西秦开始走向衰亡。

乞伏暮末即位后，刑政极为苛酷，很快导致众叛亲离。尚书辛进曾不小心误伤暮末的母亲，暮末知道后，竟于永弘二年（429）二月，诛杀辛进及其五族，十月，杀死谋反的叔父什寅。永弘三年（430）三月，又将什寅母亲的弟弟白养、去列杀掉。暮末的残暴行为引起了大臣们的不满。十一月，暮末因夏赫连定侵逼，迎请魏军助援，魏答应将平凉、安定封给暮末。暮末于是焚城邑、毁宝器，率 1.5 万户臣民东迁上邽（今甘肃天水）。行至南安（今甘肃陇西渭水东岸）时，已有属地全被吐谷浑夺去，暮末属下于是纷纷叛乱。永弘四年一月，吐谷浑攻下南安，乞伏暮末舆榇出降，六月，夏赫连定将暮末及其宗族 500 余人全部杀死，至此，西秦国亡。西秦自建义元年（385）立国，至永弘四年（431）灭亡，立国共 47 年，共 4 主。

炳灵寺西秦佛头像

吐谷浑灭夏

胜光四年（431）六月，大夏灭亡。

夏赫连氏本为匈奴的一支，与汉通姻，很长一段时间从刘姓。传至赫连勃勃时，因赫连勃勃是个野心很大、不甘居人下的匈奴贵族，遂于义熙二年（406），袭杀收留他的岳父、后秦高平公设弈干，兼并其部众，次年，自称天王、大单于，建元龙升元年，设置百官。他认为匈奴是夏后氏的后代，故国号大夏，又认为匈奴从母姓姓刘不合理，遂改姓赫连氏。赫连勃勃称王后，连年攻伐，并于晋义熙十四年（418）进据长安。宋元嘉三年（426），勃勃第五子赫连定继称皇帝于平凉。宋元嘉八年（431），赫连定侵入西秦，西秦向魏求援。未及魏出兵，西秦王乞伏暮末便被赫连定斩杀。因惧怕北魏逼侵，赫连定驱使俘获的西秦民众10余万人，准备渡过黄河袭击沮渠蒙逊，夺取北凉土地。吐谷浑王慕璝派慕利延、拾虔率3万骑兵半途埋伏，等到夏兵渡至河中时，突然发兵袭击，大败夏军，生擒夏王赫连定，并将其押送北魏，大夏灭亡。夏自晋义熙三年（407）建国，至魏神䴥四年（431）灭亡，立国35年，共3主。

沮渠蒙逊卒

北凉义和二年四月，沮渠蒙逊去世。

沮渠蒙逊（368～433），原为临松（今甘肃张掖县境）地方的卢水胡。其祖上世为匈奴的左沮渠，即以官名为姓氏。卢水即今甘肃黑河，蒙逊祖上世居于卢水，是这里部落的酋帅。蒙逊博涉书史，雄杰而有谋略，所以他在继统父亲的部曲后，立即扬威一方。后凉龙飞二年（397），蒙逊拥戴后凉建康（今甘肃高允西）太守段业为凉州牧、建康公，建立北凉政权。天玺三年（401），他诱使段业杀其堂兄沮渠男成，然后又以段业枉杀无辜为借口举兵袭杀段业，自立为凉州牧、张掖公，改元永安。蒙逊既据张掖，屡败西凉李氏，又攻取了秃发傉檀的姑臧，随即迁都于此。晋义熙八年（412），蒙逊称河西王，

金塔寺东窟北凉时期飞天、菩萨像。飞天是古代印度神话中的香音神（干达婆）和音乐天（紧那罗）。后来被佛教利用和改造后，成了佛的天龙八部护法之一，也是佛教艺术中最受人们喜爱的题材。图中的几身飞天，有的张臂跳跃，有的奔腾浮游，表现得刚柔起伏，和谐统一。古代的工匠们采用了“悬塑”的技艺，更有凌空飞舞之势，具有十分独特的风貌。

北魏彩绘骑马吹角俑。北朝陶俑多表现我国当时北方兄弟民族的形象和习俗。这件陶俑再现了当时北方民族骑战马、高吹号角的雄姿，有鲜明的民族特色。

改元玄始，置百官，建筑宫殿。后又灭西凉，尽得酒泉、敦煌等地。西域鄯善王比尤，也来朝见他，西域36国，都向他称臣，这是北凉全盛时期。另一方面，沮渠蒙逊又向东晋、刘宋称藩臣，互派使者来往，晋、宋均曾封蒙逊为凉州刺史。义和二年（433）四月，蒙逊病死，时年66岁，在位30年。其子沮渠牧犍即位，改元永和。

沮渠蒙逊在位时，对于加速佛教在中国的传播起了很大的作用。是中国佛教发展史上的一个十分重要的时代。

魏更定律令

北魏统治者一直重视制定律令。早在猗卢时就已有简单的法律，至代王拓跋什翼犍时代，法律已初具规模，诸如赎罪法、大逆族诛法、婚姻法、杀人赔偿法、保护“官物”和私人财产法等都已产生。道武帝拓跋珪入主中原后，命三公郎王德删节前代律令，制定出一套简单易行的律令。明元帝拓跋嗣继位后，尚袭旧律。北魏太武帝神䴥四年（431）十月，太武帝拓跋焘命崔浩主持修改工作，以进一步完善律令。太武帝律令除去5年、4年苦刑，增加1年苦刑，规定孕妇犯罪，待产后定刑，官吏可按品位除刑，巫蛊惑众者，背羊抱犬沉于深渊，又规定在宫殿左侧悬鼓，使负冤者及时击鼓鸣冤昭雪。继这次大规模更定律令后，太武帝又陆续颁布了一些律令，如诏行三等九品制，按百姓财产分为上、中、下各三个等级交纳租赋；什资定课制，规定临时征调以民户财产多少定数，不搞平均摊派等。魏太武帝的这些律令修定为后来孝文帝拓跋宏改制律令，制定完备的《魏律》奠定了基础。

魏通西域

甘肃省酒泉市丁家闸五号墓前室北壁南北朝时农耕壁画。有耕地、耙地、扬场等场面。

巴尔喀什湖及葱岭以东的西域地区，自古以来就与内地联系密切。西晋末年至北魏立国之前这段时间内，西域各国相继朝贡于前凉、前秦、后凉、西凉和北凉等。北魏建国初期，统治者尚无暇顾及与远方国家的友好往来。道武帝拓跋珪时，有关部门曾奏请通西域，认为既可提高国家威望，又可得到远方的奇珍异宝。而道武帝认为劳民伤财，弊多利少，没有同意。明元帝拓跋嗣继续遵循这一既定方针。太武帝拓跋焘时，北魏统一了整个黄河流域，占有河西走廊，西域各国闻知，纷纷遣使来访。北魏太延元年（435）五月，西域龟兹、疏勒、乌孙、悦般、渴槃陀、鄯善、焉耆、车师、粟特等9国派遣使臣出使北魏，贡献本国特产。太武帝不愿回报，而许多大臣认为九国不怕遥远，送来礼物，应有回报。于是，太武帝先后派出王恩生、许纲等20余批使者出使西域，但因种种原因，均未能到达西域。太延三年（437），太武帝再派散骑侍郎董琬、高明等带着许多金帛出使西域，招抚西域各国。董琬至乌孙（今伊犁河及葱岭北），乌孙王得到礼物，非常高兴，派导泽送董琬等分别到破洛那、者舌等国招抚。同年十一月，董琬、高明回国时，西域乌孙、破洛那、者舌等16国派遣使者随董琬到北魏访问。

当时北魏出西域有4条路：一路出玉门关，渡沙漠，西行2000里至鄯善国（今新疆若羌）；一路出玉门，北行2200里至车师国（今新疆吐鲁番西北）；一路出莎车（今新疆沙河），西行100米至葱岭（今帕米尔高原）再西行1300里至伽倍（今坦吉克斯坦境内）；一路出莎车，西南行500里到葱岭，再西南行1300里至波路（今克什米尔北部）。董琬完成西域之行后，太延五年（439）北魏灭北凉，通西域之路减少一大障碍。太平真君九年（448），北魏以韩拔为领护西戎校尉、鄯善王，坐镇鄯善，完全控制了通向西域的第一道门户。后来又灭掉柔然，至太和十五年（491），西域各国都臣服于北魏，北魏与西域之间的通道已较为畅通，因而二者的联系就更加密切。

高丽音乐传入中国

高句丽歌舞壁画。画面反映了高句丽民族的能歌善舞。画风朴拙，是高句丽壁画的佳作。

魏晋南北朝时期，高丽（即今朝鲜半岛）分为三个国家：高句丽、百济、新罗。这三个国家同中国的南北政权都保持着经常性的来往，因而经济文化交流不断，高丽音乐就是这个时候传入中国的。

高丽音乐主要指高句丽乐和百济乐，它们分别从高句丽（今朝鲜北部及中国辽宁、吉林一带）、百济（今朝鲜西南部）传入当时的北燕，并很快盛行开来。北魏太武帝太延二年（436），北魏灭燕，得到了二国的音乐。后来北周武帝灭北齐，使二国音乐继续源源不断输入中国，并渐趋完备。高丽乐中《箜篌引》一曲传入后，由中国文人按调作辞，曾成为风靡一时的名曲。高丽乐中乐器有弹筝、卧箜篌、竖箜篌、琵琶、五弦、笛、笙、箫、小筚篥、桃皮筚篥、腰鼓、齐鼓、担鼓、贝等14种，为一部。这些大都在中国流传下来。新罗的咖倻琴也在这时传入中国。

北魏倡文教

北魏拓跋氏起自代北，立国后南征北讨，崇尚武功。北魏太武帝神䴥四年（431）九月，北魏太武帝拓跋焘在北击柔然、南讨刘宋取得一系列胜利后，下令偃武修文。但由于随后西域诸国相继犯边，故一直未能全力推行。北魏太延五年（439），拓跋焘消灭北凉，结束了十六国的战争局面，才真正实施文治。主要措施有：一、广泛网罗学者。凉州一带，自汉末以来，中原人士多往避难，所以这里儒学颇为发达。太武帝灭北凉后，注意接纳凉州学者，把他们迁移到京师平城（今山西大同东北）居住。迁来的著名学者有敦煌的刘昺、阚骃、索敞，武威的阴兴、宗钦、段承根，金城的赵柔以及流寓河西的广平人程骏、程弘、常爽等人。这些学者到达平城后，或者著书修史，或者讲授学业，使北魏儒风大振。二、选名儒为博士，立国子太学和四门小学。太武帝任命原北凉国师助教索敞为中书博士，教授拓跋贵族子弟。十几年间，索敞勤于诱导，肃而有礼，拓跋贵族子弟都非常敬畏他，于是多能完成学业，有所成就。索敞的学生后来官至尚书、牧守者多达数千人。常爽也在朝廷的支持下开设私人学校，收学生700余名，因其学风严厉，学有成就者也非常多。北魏又规定，学馆应以讲授儒经为主。所学儒经，如《魏书·儒林传》所说，“（郑）玄《易》、《书》、《诗》、《礼》、《论语》、《孝经》，（服）虔《左氏春秋》，（何）休《公羊传》，大行于河北。王肃《易》亦间行焉。晋世杜预注《左氏》，……齐地多学之。”由此可见，北魏儒学，多遵汉儒的学说，与江左杂以玄学有所不同。三、组织学者著书修史，对贡献图书者予以重赏。太延五年十二月，太武帝任命司徒崔浩监秘书事，组织一批人编修《国史》。陈留人江强向太武帝献上经、史、诸子书千余卷，被拜为中书博士。

北魏的这些提倡文教的措施，一方面推动了儒学的发展，另一方面为拓跋部的汉化，并进而推动本民族政治、经济方面的进步产生了很大的影响。

私学沟通南北

进入南北朝以后，社会出现了一段时间的相对稳定，给私学发展带来了新的契机，南北私学沟通的局面初步形成。

从东汉末年至两晋时期，经历了长期战乱，尤其两晋五胡入侵中原，造成了士儒的大规模迁徙，形成了以江左、河洛、河西为中心的三大私学流派，在各自地域文化等因素的影响下，呈现出具有一定差异的学术风格。而南北朝政权统治的暂时稳定，使得南方在战乱中溃散的门阀士族重新会集，在保持原来南朝私学博雅风格的前提下，转而渐求专精，儒士各以专经、专学标榜门户，尤其出现了一批精治礼学的名家，一些名家以其所学专长启蒙后学，又兼备朝廷顾问礼仪、丧服之制，学人所宗加上朝礼遇，私学成为被世人所崇敬的高尚职业，隐避山林的私学大师以讲学为务，被认为志向高远。而且南朝学者博而有专，范围又不限于经学，唯其兴致所至，使得书、画、音律、医学、阴阳术数等获得全面发展。梁时庾承先晚年于颖川土台山讲学，还赴荆州专讲《老子》，吸引了远近名僧，论难纷起，荆陕学徒多出其门。宋、齐、梁、陈政府都倡导儒学，士大夫多批评魏晋浮延清谈之弊，促使了南朝学风向务实、专精转化，使南朝学风融通了北方学术的某些思想。

439年，北魏太武帝拓跋焘平定西凉，迫使凉州名士迁至平城（今大同），使河西私学的中心地位迅速丧失，随着孝文帝迁都洛阳，大批学者又回来中州，与中州、燕赵等地的旧学相唱和，北魏学业经过大融合以后十分繁荣。同时游学、追师的风气在这一带十分盛行，佛、道学说的传播和游僧习气的普遍存在，北齐政治的宽简疏阔，游手浮惰之风普遍，构成了北朝游学风气盛行的社会背景。一些学有所成的学者，为求专精，求拜名门。而且广游师门，博采众长，不拘一家一派之学，勃海李铉十几岁起就广游天下，先后师从浮阳李周仁，章武刘子猛，常山房蚪，渔阳鲜于灵馥，后又追拜华阴大儒徐遵明，经5年潜研精读，学业大成，成为燕赵间一代名儒。此外，北朝学者多访问求学。游学作为一种高级的研修形式，以经学师传为主，规模和范围很大，显示出广泛的学术交流沟通的性质。标志着学术大融合局面的开始。

南北朝南北对峙的政治格局下社会的相对稳定，造成的私学南北沟通的局面，直接促进了南北文化大融合。

西凉乐流行于北方

从十六国起，北方开始盛行《西凉乐》。《西凉乐》起自前秦之末的凉州，当时称为《秦汉伎》。北魏太武帝太延五年（439），太武帝拓跋焘平定凉州，将那里的乐舞艺人及乐器、服装、舞饰等掠回京师平城，由此得到当地所传的《秦汉伎》，并改称《西凉乐》。在北魏、北周之际，《西凉乐》又称《国伎》，曾被用于宾嘉大礼。北齐制定宫庭雅乐时，也将《西凉乐》做为“洛阳旧乐”予以吸收运用。这种由“凉人所传中国旧乐而杂以羌胡之声”（《旧唐书·音乐志》）的《西凉乐》，实际上成了西域各族乐舞（以龟兹乐为主）

与中原汉民族乐舞（也包括某些《清商乐》的成分）融汇贯通后的新型乐舞。《西凉乐》不仅于南北朝时流行于北方，而且一直盛行至隋唐。

魏太武帝灭佛

中国佛教史上曾有北魏太武帝、北周武帝、唐武宗与后周世宗下诏铲除佛教，史称“三武一宗灭法”。魏太武帝是始作俑者。

魏太武帝拓跋焘灭北凉后，曾徙其国佛教信徒（包括沮渠氏宗族及吏民）数万户到当时魏的都城平城，于是佛教在北魏境内的影响迅速扩大。但拓拔焘和大臣崔浩都崇奉道教，厌恶佛教，因而崔浩便力主灭佛，拓拔焘也有这样的意图。太平真君五年（444）正月十二日，拓拔焘曾下诏禁止王公庶民私养沙门、巫觋，违者斩杀沙门、巫觋及主人全家。太平真君七年（446）三月拓拔焘率军亲征卢水胡盖吴时，攻入长安，入佛寺观马，见室内有兵器，认为此物非沙门所用，定是与盖吴通谋，企图作乱，拓拔焘便命有司诛杀全寺沙门。在清理其财产时，又见寺内有很多酿酒之器及州郡官民财物，密室内还藏有妇女，对佛教就更为厌恶。崔浩乘机再进灭佛之言，拓拔焘遂于本月下诏灭佛。规定：“浮图形像及胡经，皆击破焚烧，沙门无少长皆坑之。”“自今以后，敢有事胡神及造形像泥人、铜人者门诛。”因太子晃素好佛法，故意延迟发布诏令，远近沙门多闻风逃匿，佛像经卷也多秘藏，只有寺塔遭毁无遗。

北魏鎏金铜造像。造像作结跏趺坐，头有高髻，眼俯视，神态安详，身着圆领广袖通肩大衣，衣纹处理别具一格，自两肩向中间下垂而相连，形成一重复向外扩展的垂鳞纹，两袖而下衣纹紧密而有规律。身体略作前倾，双手合于胸前。此造像的造形特点显示了鲜明的北魏风格。

拓跋焘晚年，佛禁稍松。至拓拔浚（文成帝）即位，于兴安元年（452）十二月十一日，正式解除佛禁。此后，佛教在北魏又长足发展起来。

外国玻璃大量输入

北魏玻璃钵

北魏玻璃瓶

魏晋南北朝时，随着与西域诸国友好往来的发展，国外先进的手工业技术逐渐传入中国。各割据政权的统治者们热衷于美丽的玻璃制品，于是，大约在公元2世纪到5世纪，外国玻璃及其制造技术大量输入，使中国南、北方玻璃制造业的工艺水平有了突破。

罗马玻璃在当时的世界上独树一帜，产品远销各国，也大量输往中国。当时玻璃又有琉璃、玉晶、夜光、水精等名称。从罗马有两条路线将玻璃运往中国。一条是从印度洋东运的海上运输线，经大秦（罗马）、斯调（斯里兰卡）、黄支（印度康契普腊姆）和扶南（柬埔寨）等国；另一条是经红海、阿拉伯海和新疆联系的玻璃路，通过五河流域的塔克西拉古城和阿富汗喀布尔以北的古城帕格曼。从罗马运到塔克西拉的玻璃制品有指环、手镯、器皿和烧珠，玻璃珠有彩色、浅蓝色、釉彩等六种式样。那一时期的罗马玻璃珠和玻璃碗、玻璃瓶在新疆、洛阳、长沙、江苏邗江等地都有出土。

罗马玻璃在中国南北流行，对中国南方的玻璃制造业起过巨大的推动作用。南方的广州和交州在3世纪和罗马往来较多，首先开始仿效埃及技术、使用罗马配方制作出造型新颖的钠钙玻璃。炼丹家、化学家葛洪就曾介绍过三四世纪时南方人学习外国方法，用5种灰作原料制造水晶碗，也就是罗马式样的透明玻璃碗。这种技术持续了大约一世纪，随罗马对华海上贸易的衰退中断了。广州玻璃工业的这一成就，使南方玻璃业的工艺水平一度大大超过北方同行。然而由于规模不大，销路不广，很快被人们遗忘了。

北魏太武帝拓跋焘时（424 ~ 452），京师平城（今山西大同）的大月氏商人会制五色琉璃。他们在平城附近山中采矿冶炼，制成的琉璃光泽比西方输入的还要美，从此中国自制玻璃渐多，不再被视为珍宝。

中国画论兴起

魏晋南北朝时期，绘画艺术高度发展并呈现出全面繁荣的景象，与此同时总结和探索绘画艺术的理论——画论兴起并得以迅速发展，高度发达的画论成了魏晋南北朝时期艺术进入自觉时代的标志。

据画史文献记载，这一时期绘画创作活动十分兴盛，画家人数很多，并有一大批影响很大的画家活动于艺术舞台，最著名的如顾恺之、陆探微、张僧繇等，许多帝王也潜心创作，如南朝宋明帝、南梁文帝等，这些创作实践无疑是画论兴起的一大重要因素。

魏晋玄学的流行，佛、道二教的迅速繁盛，促使人们的思维方式发生变化，并进而深入地探索艺术本体，佛寺壁画和塑像带来的域外艺术的某些气息，也引发了人们对艺术创作技巧的深入思考。

东晋顾恺之是位杰出的人物画画家，在创作上他擅长传写人物的神情和气质风度，其流传下来的画论著作有《魏晋名臣画赞》、《论画》、《画云台山记》三篇，核心思想就是以形写神。他认为描绘人物，不仅要求形象真实，而且要能传达人物的性格神态和内心活动。强调通过对人物的关键部位如眼睛等的描绘取神，写神，人物神情特征才能令人妙赏。顾恺之特别重视主体与客体之间的悟对交融，认为“悟对通神”才能“迁想妙得”，只有透彻地了解熟悉了客体的性情心理，才能把握瞬间精神和心理的微妙变化。顾恺之强调的是人物形神论。而刘宋时的宗炳和王微则着重讨论山水画中的形神问题。

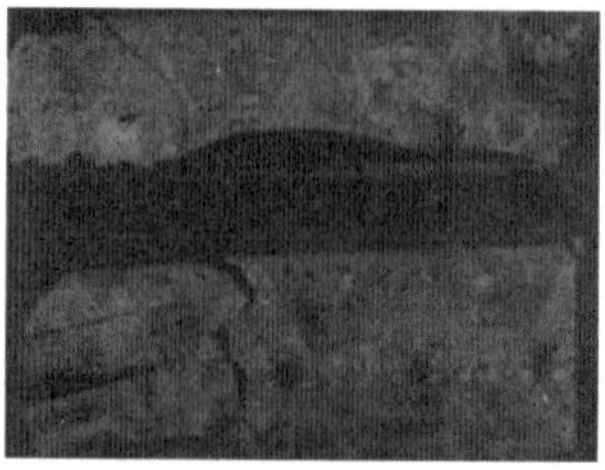

北魏彩绘孝子故事图漆棺残片

宗炳（375 ~ 443），字少文，河南南阳人，一生未仕，善书画，好游名山大川。《画山水序》是他流传下来的画论著作，他认为山水和圣人都体现“道”，怀道的圣人能适应万物的变化，通过物象来阐明抽象的道，有质有灵的山水是物象的一种，所以也体现道，大自然能给人以畅神的美感享受，山水画表现的自然美给人的审美感受正在于畅神。在中国美术史上，他还第一次明确提出了山水画的观察方式和透视原理，这一创造性的摹写方法对处理山水画的空间关系具有划时代的意义。王微《叙画》除强调山水有形有灵以外，更重视其“怡悦性情”的作用。

南齐谢赫对前人的理论成就加以总结和综合，系统提出了绘画的品评原则六法论：将气韵生动排在六法之首，显然是由神似原则发展而来，气韵即为神韵，气韵生动主旨在于生动地表现对象的气质品格和精神内蕴。

通过这些画论可以明显地看出，魏晋南北朝时期，以神写形和重视气韵的理论已成为中国画的主导精神，在后代的理论及创作中被长期继承，很显然，其理论源头可追溯至老庄；可以肯定是在魏晋流行的玄学思潮影响下形成的，而“悟对通神”，“迁想妙得”的思想与佛、道二教思想不无相通之处。南朝陈姚最《续画品录》中所提出的“心师造化”的思想与佛教理论并无二至，毫无疑问，画论的兴起和成熟是魏晋南北朝时期多种因素的合力造就的。

魏晋南北朝画论的兴起，标志着中国绘画理论走向成熟，中国画的主导精神从此形成，谢赫开启了中国品评体美术史之先河，所有这些，都直接影响着后世中国画的理论和创作。

盖吴起义

太平真君六年（445）九月，卢水胡盖吴于杏城（今陕西黄陵）起事，杂胡纷纷响应，关中大乱。

盖吴是卢水胡人。与北凉沮渠氏同为匈奴的一支而居于卢水者，称为卢水胡，后迁于杏城。他们在北魏的高压政策下，经常被迫服役或从事农牧，遭受极不公平的待遇，因而多次起事反抗。盖吴起义得到各地少数民族的热烈响应，起义部队不久增至十多万人。魏长安镇副将拓跋纥率兵镇压，兵败身死。魏世祖拓跋焘闻讯，急调高平镇敕勒骑兵赶赴长安，又命将军叔孙拔统领并、秦、雍三州兵，屯于渭北。十一月，盖吴派部帅白广平向西进攻，新平、安定等地许多部落酋帅，都聚众响应，攻杀北魏汧城镇将。于是，盖吴进驻李闰堡，分兵进攻临晋以东，并西攻长安。与此同时，盖吴自号天台王，设置百官。

在起义军势力日益壮大发展的情况下，拓跋焘一面调兵遣将，下令骑兵2万前往镇压同时起义的蜀人薛永宗，3万镇压盖吴，1万镇压白广平；一面亲自出马，赶至前线。当拓跋焘于次年二月率军进入关中时，盖吴起义军主力已撤向北地山谷中，魏军乘机攻入长安，击杀狄青、孙温二垒和长安民众。魏军另一支由尚书乙拔率领的军队，败盖吴于杏城，盖吴逃走，起义暂时失败。盖吴向宋求援，宋文帝封他为都督关、陇诸军事、雍州刺史、北地公，并派雍、梁二州发兵于边境上，声援盖吴。三月盖吴重新在杏城聚集军队，自号秦地王。这时金城、天水以及秦、益一带又有数万人起事呼应盖吴，盖吴重振声势，再战北魏。北魏赶紧派永昌王仁、高凉王那，督率北道诸军前来镇压。接着，在六月中，调拨定、冀、相三州兵2万人，屯于长安南山诸谷，以阻防义军向南方突进。又派司、幽、定、冀四州10万人在白上谷至黄河一带修筑防线。在完成了这些部署后，当年八月，北魏便向义军发动了进攻，义军失败，盖吴被叛徒杀害，首级被送到平城。盖吴的部将白广平、屠各路那罗等，也相继失败牺牲。盖吴起义虽然失败，但这次起义是北方各族人民的一次联合大反抗，因而加强了各民族的融合，同时也严重打击了北魏的黑暗统治。

崔浩因“国史案”被杀

北魏太平真君十一年（450）六月十日，北魏司徒、辅国元老崔浩为魏太武帝拓跋焘藉“国史案”所杀，同宗及姻亲均遭族诛。

崔浩，字伯渊，小名桃简，北魏清河东武城（今山东武城西北）人。父玄伯，官至天部大人，封白马公，为北魏开国功臣。崔浩先后仕于道武帝、明元帝、太武帝三朝，为北魏辅国元老，初拜博士祭酒，累官至司徒，军国大计，多所参赞。崔浩工于书法，精通经史，对天文历学也多有研究。他因博学多才，所以自视甚高。清河崔氏原为魏晋士族高门，未随东晋南渡，遂成为北方士族冠冕。但他虽仕北魏，却仍想保持汉士族固有的特殊身份和地位。在他的要求下，拓跋焘曾一次礼请崔、卢、高、李等大姓士族数百人去平城当官。他为推荐数十名士族当郡守，曾与太子晃发生大的争执。为确保汉士族的社会地位和政治地位，他还曾主持“整齐人伦、分明士族”等一类工作。这些“扬汉抑胡”的作法，激起鲜卑贵族的强烈不满，并欲见机除之。崔浩晚年，奉命监秘书事，与高允等共修北魏的史书《国纪》。崔浩记北魏先世丑恶之事，均直笔实录，不为避讳。书成之后，又将其内容刻石于路，供人观览。鲜卑贵族均怒，联合告于拓跋焘。有人甚至诬告崔浩欲趁拓跋焘南侵之机谋反。拓跋焘大为愤怒，遂于太平真君十一年（450）六月十日，诏诛崔浩及秘书省有关官吏，并族诛崔浩同宗及姻亲范阳卢氏、太原郭氏、河东柳氏。这就是牵连甚广的“崔浩之狱”。当时因此案而死者有一百二十余人，后因高允犯颜进谏，拓跋焘才未诛连更广。不过，崔浩在《国纪》基础上改编而成的《国书》三十卷当时并未废毁。

满地绣出现

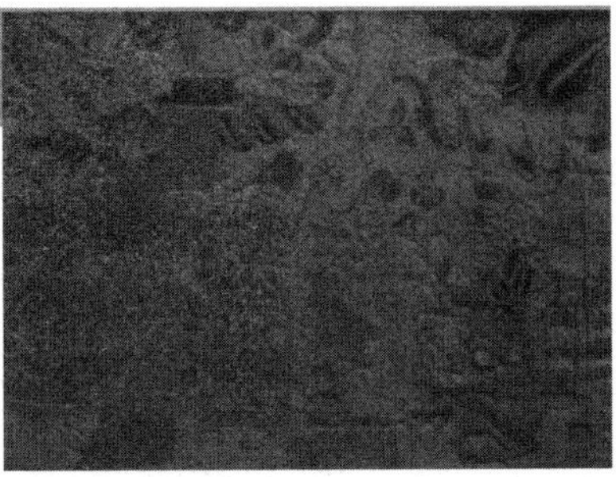

北魏刺绣佛像供养人

三国时期，刺绣工艺得到较大发展，据前秦王子年《拾遗记》记载，东吴孙权夫人能在方帛上绣制“五岳河海城邑行阵之形”，在当时被人们称为“针绝”。唐代冯贽在《南部烟花记》中说梁武帝制五色绣裙，以朱绳珍珠来装饰，可能是后世穿珠绣的先例。

北魏忍冬联珠龟背纹刺绣花边

南北朝时，佛教在中国广泛流行，佛幡佛像中出现了许多精美的绣品。莫高窟中就有北魏广阳王元嘉献于太和十一年（487）的刺绣佛像残片。绣幅正中绣一坐佛，右侧为一菩萨，下方正中是发愿文，供养人绣在左右，仅存四女一男，都穿胡服，身旁各绣名款。绣幅四周饰有忍冬联珠龟背纹花边，采用二晕配色的方法绣制。这件

北魏黑石四面造像塔，一佛二思维菩萨；一佛二胁侍菩萨；苦行像；释迦多宝并坐像。

绣品除花边外，均满地施绣，是现存最早的一件装饰绘画性的满地绣。可见，至迟在南北朝时已出现满地绣。

宗爱专魏杀帝

北魏太武帝拓跋焘在450年率大军南征宋国，死伤大半。拓跋焘对外用兵的失败，加剧了宫廷内部斗争。中常侍宦官忌恨太子晃监国，编织罪名构陷太子亲信道盛，令太武帝怒斩道盛，太子晃终日忧虑并于451年6月14日病死。后来太武帝知道太子无罪，懊悔不已。宗爱怕遭诛杀，在452年2月5日先下手弑帝，后又设计捕杀左仆射兰延及秦王翰等人，拥立与其关系甚好的南安王拓跋余，改元承平。宗爱被封为大司马、大将军、太师，都督中外诸军事，领中秘书，封冯翊王，专权于北魏。拓跋余因喜欢饮酒作乐和出外打猎，不理政事，权力逐渐落入宰相宗爱手里。宗爱坐召公卿，专姿日甚，且不把拓跋余放在眼里。拓跋余对宗爱日益不满，设法削夺其权力。宗爱十分气愤，遂于10月乘拓跋余在白登山（今山西大同城东）黑夜祭祀祖先时，指使小黄门贾周等就地杀之，对外封锁消息。羽林郎中刘尼知道拓跋余被杀后，遂劝宗爱拥立皇孙拓跋濬。宗爱说："若立皇孙，恐未忘景穆太子之事。"刘尼将内情密告殿中尚书源贺和南部尚书陆丽，共谋诛杀宗爱拥立皇孙。源贺与尚书长孙渴侯严守宫禁，刘尼和陆丽迎接皇孙入宫，并在东庙（白登山上北魏的祖庙）大呼："宗爱杀南安王，大逆不道，皇孙已登大位，宿卫之士皆还宫。"众呼万岁，并逮捕宗爱、贾周。拓跋濬登永安殿即位，改元兴安，是为高宗文成皇帝。文成帝传令诛杀宗爱、贾周，并夷其三族。

魏佛禁稍弛

魏太武帝即位之初，支持嵩山道士寇谦之革新天师道，并在平城立天师道场，亲受符箓，表示受天命有权做中国皇帝。公元446年，儒士崔浩利用天师道来反佛教，支持魏太武帝大杀境内僧人，以示北魏政权亲汉不亲胡。魏太武帝晚年对佛教禁令已有所放松，民间往往私下信奉。魏文成帝登位之后，

柱础（局部）

柱础（局部）。整个柱础雕刻精细，形象生动，高浮雕浅浮雕两种手法间用，造型方圆结合，使它于各种变化中，显现出生命的饰奏。

许多大臣多次请求解除佛禁，恢复佛教，使人民的希望有所寄托，以巩固北魏政权。公元 452 年 12 月 11 日，魏文成帝下诏各州郡县众居之所，允许各建一所寺院。人民愿望遁入沙门者，可以出家，但须限制人数，大州为 50 人，小州为 40 人。由于北魏政权稍弛佛教之禁，于是各乡将以前所毁坏的寺院逐步修复起来。魏文成帝还亲自为沙门师贤等 5 人削发，以师为道人统（总摄）。至魏孝文帝时，佛教兴盛起来，中国著名的佛教艺术宝库——敦煌千佛洞、大同云冈、洛阳龙门三大石窟也初具规模。

中国丝织技术传入波斯

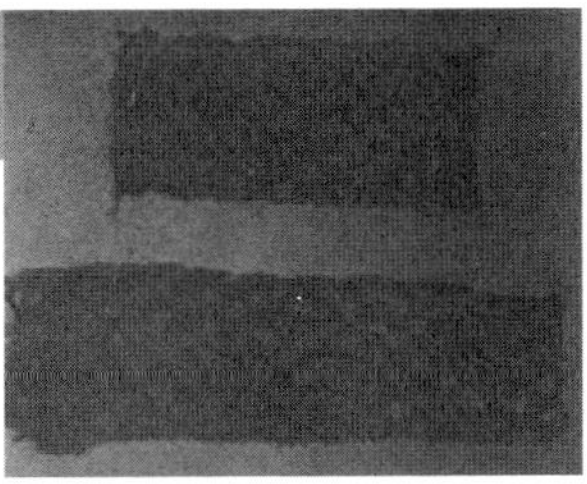

北朝方纹绞缬

到公元 5 世纪，中国的养蚕缫丝织造技术已有 3000 年以上的历史，特别是汉以后陆上和海上丝绸之路的开辟和兴盛，更使它成为世界各国钦羡垂涎的秘密，成为中国长期以来联系并影响世界的专利。

东汉初期，葱岭以东的于阗国王为取得中国养蚕的奥秘，特意向东国（于阗以东的鄯善国，今新疆若羌）求婚，得到应允后，便派密使转告东国公主，要她在下嫁时将蚕种带出国境，好在于阗养蚕产丝，制作丝服。当时东国禁止蚕种出境，关卡检查极其严密。东国公主下嫁时将蚕种、桑种藏在帽絮里，靠特殊的身份才逃过查验，把蚕桑的种子带到于阗。于是，从1世纪起于阗开始栽桑养蚕，初步建立了自己的丝织业。

至此，中国长期保守的丝织技术终于走出国门。于阗这一佛教在葱岭以东的传导中心，又成了蚕桑的新兴培育基地。后来，葱岭以东的龟兹、疏勒在四、五世纪也有了当地的丝织业，能自己织造华贵的锦缎。在他们的影响下，至迟在5世纪中叶，波斯也获得了养蚕丝织技术，能织造华美的锦绮绫纨。《梁书》记载波斯人结婚时，新郎新娘都要穿金线锦袍、师子锦裤，戴天冠。可见南朝梁时，波斯早已是锦绣之国。在获取中国的养蚕丝织技术的过程中，波斯非常频繁地派使节与中国通好。455年波斯和疏勒的使者一起来到平城，466年又和于阗使者一起抵达北魏首都，518年和龟兹使节一同来中国，波斯与已发展了养蚕线织技术的于阗、龟兹、疏勒等国过往甚密。可知在中国丝织技术传入波斯的途中，这些临近中国西北的小国确实起了相当的作用。

中国丝织技术传入波斯，对于主要占据欧洲的罗马帝国是个莫大的刺激，拜占廷也决计要摆脱波斯对进口中国丝绢的操纵，重振本国的丝织业。552年，在两位印度僧侣的帮助下，从赛林达（新疆）获得了中国本土的蚕子和桑树。于是欧洲的土地上第一次出现了中国家蚕和桑树，使6世纪的拜占廷成了“人务蚕田”的农桑国家。中国的养蚕缫丝丝织技术自此在欧亚大陆上繁盛、发展，这无疑是中国对世界的巨大贡献。

魏主纳谏

魏文成帝在位时虚心纳谏。中书博士、迁侍郎高允喜欢面谏魏主。一旦魏主处事有失妥当，立即求见。文成帝吩咐侍从退下，请教高允，即使高允有时违背主上之意，文成帝也不妄加责怪，只令侍从扶高允出宫，对高允很是敬重。458年3月，文成帝收到一大臣谏君之上书，遂对群臣说：“君与父同，父有过，子在家中劝之，是不欲父过流布于外。今事君，亦应面陈君过。高允当面直言不用上书陈表，朕闻其忠言，而天下不知其忠谏，真忠臣也。”鉴于高允27年来未曾得到提拔，而与之同时出仕者甚至其部下大都升官，文成帝封高允为中书令，并对群臣说：“汝等在吾左右，不曾闻有规谏之言，只是等我高兴时，乞官求爵。汝等持弓刀侍吾左右，徒立劳耳，而皆至王公，允执策辅佐国家几十年，不过作郎，汝等不自愧乎？”由于北魏百官实行无俸禄制，高允让其儿子打柴为生。司徒陆丽见文成帝嘉奖高允谏君，遂对文成帝说：“高允虽蒙恩宠，而家贫，不能成家立业也。”文成帝立即前往高允家，只见几间草屋，里面仅有布被、麻衣和一些盐菜，十分感叹地说：“古人之清贫岂有此乎？”并下令赐给高允五百匹帛，千斛粟，并封其子忱为绥远将军、长乐太守。高允辞谢不受。

魏设酒禁

自汉昭帝召开盐铁会议后，罢榷酤官，废置酒专卖，对酒主要实行征税制。汉末曹操、十六国赵国石勒和南朝宋文帝为保证军队和人民的食粮问题，曾下令禁止酿酒。魏文成帝拓跋濬当政时期，北魏发生了多起民众酒后斗殴或议论朝廷政策得失的事件。文成帝为了维护封建政策的权威性，消弥社会动乱，遂于 458 年元月 1 日实行酒禁政策，规定凡是酿造者、卖者、饮者一律斩首。吉凶之会，听任开酒禁，但有一定的期限，过期仍需禁酒。

云冈石窟开凿

云冈石窟第二十窟主佛

北魏和平元年（460）起，北魏沙门统昙曜于平城武州塞开凿石窟。

沙门统昙曜经北魏文成帝同意，始于平城（今山西大同）西面的武州塞即云冈开凿石窟。昙曜开凿五窟，后世称为“昙曜五窟”。均为穹隆顶椭圆形平面，仿天竺草庐式。

昙曜力主开窟造像，除了为皇室祈福、讨好君主之外，另一个主要目的，是为了驳斥那些说“胡本无佛”的言论，而宣传佛教渊源久远，传世无穷，从而将教权的利益和王权的利益紧紧相联。因而昙曜五窟的主要题材尽是宣扬佛教传世久长的过去、现在、未来三世佛。另外，当时云冈石窟所在的灵严寺规模巨大，可容数千人，所以，雕造三世佛、释迦、弥勒和千佛诸像，开凿巨大的窟室，也可能是为了广聚沙门同修禅法之用。

到孝文帝即位时（471），国内民族矛盾和阶级斗争规模愈来愈大，而皇室贵族的崇佛佞佛风气也愈演愈烈，常常不惜毁家破产以资给佛事。孝文帝的祖母太皇太后冯氏笃信佛法，她干预政务十余年，也将佞佛风气吹遍全国。从此，云冈石窟再也不限于皇室开凿，一般的官吏、僧尼、地主，皆可出资营建，云冈石窟成为北魏都城附近佛教徒的重要宗教活动场所。

云冈石窟费心经营数十年，共计开窟五十三个，小窟龛不计其数，造成大小石像五万一千多躯，成为中国规模最大的石窟群之一。它不仅是一项精思杰构的佛教艺术，同时也是耗工庞大的一项土木工程。开凿石窟的工匠，主要是历次战争中的俘虏。471 灭后秦，长安工匠 2000 户被掠至平城，439 灭北凉，3 万户巧匠民吏被强徙至平城，平定中山等地后，又迁百工伎巧 10 万户到平城。这些人称为“平齐户”，地位在半平民半奴婢间，世代服役，不得改从他业。云冈石窟的艺术风格来自三个源头：中国原有的雕刻传统；外国僧人带来的狮子国（即斯里兰卡）的影响；西域传来的犍陀罗（今巴基斯坦和阿富汗西部一带）艺术的影响。

早期的云冈石窟，即昙曜五窟，以样式丰富，各种艺术纷然杂陈为特色。在各尊造像中，有的肩宽体硕，丰脸高鼻，衣料质感厚重、衣纹凸起，反映了犍陀罗艺术的特点；有的眉细眼长，披方格袈裟，状类炳灵寺、莫高窟的早期造像；有的服饰贴体轻薄，反映了印度恒河流域一带笈多造像的某种特点。早期石窟表现出一种挺拔劲健、浑厚粗朴的造像风格，尤其二十窟的大佛，其博大、恢宏的气魄和力度，动人至深。

云冈石窟第五窟内景

云冈石窟的许多重要窟龛都是在中期即孝文帝时期雕凿的，此时，南方的著名画家顾恺之、戴逵、陆探微等人倡导了一种“秀骨清像”的画风，这种画风也影响到云冈石窟造像，此时的佛像面像清癯，眉目开朗，神采飘逸，有的服装直接取自南朝士大夫阶级的褒衣博带式。重要的艺术成就也在这个时期取得：五窟正中

云冈石窟飞天

的释迦坐像高达 17 米，是云冈石窟最大的佛像；六窟被誉为云冈石窟第一伟观，窟中由地面到洞顶高达 20 米，中央矗立着一个底宽约 60 平方米的塔柱，整个塔柱和窟壁，雕凿满了大小佛龛和多种眩目的装饰，不留半点空隙，其繁密精致令人叹为观止。

云冈石窟末期即北魏迁都洛阳之后，其造像艺术更臻老练圆熟，具有鲜明的民族艺术风格，构图典雅含蓄，线条流畅，在艺术上把形象美与线条美统一体现出来。这一时期的窟形、造像，如三壁三龛式窟、宝帐式龛饰及像容、题材等，多为龙门等石窟所仿效，成为中国石窟艺术民族化进程中一个显著的转折点。

火祆教传入魏上层社会

北魏和平二年（461）九月十五日，波斯国（今伊朗）遣使至北魏朝贡。从此以后，波斯又多次遣使献贡，波斯的正宗祆教也由之传入北魏上层社会。

火祆教原是公元前 500 ~ 600 年波斯人琐罗亚斯德所创。该教认为：世界有善恶二道，善道清净光明，恶道污浊黑暗，二者不断相互争斗，善道最终必定战胜恶道。同时又认为，火和光是善道的代表，教徒必须崇拜火，祭祀天上的日月星辰等等。因其拜火，所以称其为拜火教，又因其祀天，所以又称其为祆教，合起来，人们称其为火祆教。

火祆教很早就在中原民间流传。三国时期，佛徒维祇难从天竺来中国传教，据说他本是火祆教徒，后感佛法无边，便皈依佛门。十六国时期，高昌、邺城、陈留等地都有名为“胡天”的火祆教祭祀场所（陈留的“胡天”至赵宋仍存，名为祆神庙），还发生过由刘弘、刘光等领导的几次火祆教起事事件，可惜火祆教当时却不为官方所知。直到和平二年这一天，北魏君臣才从波斯使者那里了解了火祆教。从此，火祆教在北魏上层受到重视。（灵）胡太后信奉火祆教，曾经“废诸淫祀，而胡天神不在其列”。北齐、北周时期，火祆教仍受到重视，很多皇帝都信仰火祆教。北魏、北齐时，政府还特设“萨甫”专门管理火祆教徒事务。

魏禁贵族与百姓通婚

北魏统治阶级由于是来自北方落后的鲜卑贵族，尽管孝文帝拓跋宏进行了一系列的汉化改革运动，但是国内封建主与农民及奴隶的对立依然普遍存在，社会等级制度仍然相当严重。

自北魏建立后，长期以来，贵族之门多行为不法，或贪脏枉法，或贪财受贿，或作恶乡里，与民为害；或私好交结，无所选择。魏平和四年（463）魏帝有感于社会混杂、贵贱不分，乃下诏严禁皇亲贵族与百姓通婚。诏书说："当今皇族、师傅、王公侯伯及士民之家，不得与百工伎巧卑姓之人通婚，违犯者罪加一等。"

北魏集演散乐百戏

北魏统一中国北方以后，为了满足王公贵族歌舞作乐的需要，又为了借乐舞夸耀文治武功，特在宫中设置各种乐舞机构，并仿效汉晋宫廷旧制，每逢举行朝贺、节令、宴会等活动时，扮演中原流行的各种乐舞百戏。

北魏天兴六年（403）冬，道武帝下诏令太乐、总章、鼓吹等音乐机构增修杂伎百戏，达17种之多。其中有体育项目角抵，有杂伎高洹六尺（即走索），长�、缘橦、跳丸等，还有属于象形的麒麟、凤凰、长蛇、白象、白虎、鱼龙、辟邪、鹿马仙车、仙人等。明元帝初年，杂伎又有所增加，而且配上大曲，加上钟鼓的音节伴奏。主要有走索、顶竿、弄丸等杂技、各种拟兽舞蹈以及高跷表演等。

除宫廷集演散乐百戏外，这一时期里，寺院为了宣传教义，广收信徒，往往在宗教节期和法会等活动时组织歌舞、伎艺演出。根据北魏杨炫之《洛阳伽蓝记》记载，长秋寺在释迦牟尼成佛日，要举办佛像出行仪式，把佛像抬出寺院游走，行进队伍就用"辟邪、狮子"等象形为前导，还有表演吞刀、吐火、举彩幢、走索等杂技的人尾随其后。在洛阳景乐寺"常设女乐，歌声绕梁，舞袖徐转，丝管嘹亮，谐妙入神"，还表演奇禽怪兽的舞蹈、跌扑，以及"剥驴投井”，“植枣种瓜”等幻术。在各个寺院分别进行活动之后，洛阳城中一千多个寺院的一千余尊佛像还要集中游行，那“幡幢若林，香烟似雾，梵乐法音，聒动天地”的盛大场面，以及“女乐”、“胡伎”们的歌舞杂技幻术表演，更是盛况空前。

就在这些散乐百戏集演中，各种音乐、舞蹈、杂技相互交流产生了优戏与歌舞戏。优戏就是由俳优扮演角色，撮合事件，以达到讽刺、调笑目的的表演形式。后世的唐代参军戏、宋金杂剧就是在优戏基础上发展起来的，而且这种表演方式在后来的元杂剧、明清传奇、地方戏的表演艺术中得到保留，并成为喜剧、闹剧的表现手段。歌舞戏往往有人物，有情节，并综合歌舞、伎艺来表达一定的主旨，可以说具备了戏剧表演的属性。这种歌舞戏及其表现方法、形式、手段，都为后世戏曲艺术所吸收融合。

魏除三等九品输租制

皇兴三年（469）二月九日，魏以慕容白曜为都督青、齐、东徐三州诸军事、征南大将军、开府仪同三司、青州刺史、进爵济南王。白曜在同宋作战中，注意慰抚民心，新附之民也逐渐安定下来。

魏自天安以来，山东连年干旱，加上青、徐之地不断打仗，百姓疲惫饥馁，苦于兵役赋税。按照魏制，将百姓按贫富划分三等，上三品输赋役于平城，中三品输赋役于它州、下三品交本州。通常在一般赋税之外，还有杂调十五。由于山东一带情况特殊，魏政府就全部免除了三等九品输租，由此，当地人生活才慢慢稳定下来。

魏署僧祇户佛图户

北魏自迁都以来，佛教兴盛，寺庙林立，侵夺民居，广占民田，寺院之中，也拥有大量的劳动力。

北魏皇兴三年（469）五月，北魏在战败南方的刘宋后，把青、齐一带的人大量迁往平城。部分“民望”则安置到平齐郡，其余均没为“生口”，分赐百官，称为“平齐户”。沙门统昙曜代表寺院势力，也想从中获取好处，便奏请将“平齐户”和凉州所徙军户拨归僧曹（管理寺院的机构），作为“僧祇户”，每户每年向僧曹交纳谷六十斛，作为“僧祇粟”。又请求将一部分犯重罪的囚犯和官奴婢作为“佛图户”，以供诸寺院洒扫，称为“寺户”。孝文帝拓跋弘一概许之。于是，僧祇户、寺户遍于各地州郡。

魏击柔然

北魏进据中原时，北方的柔然（一称蠕蠕）逐渐强大起来，曾屡次攻到云中一带，威胁北魏都城平城。在北魏统一北方的过程中，柔然又多次侵犯北魏的北部边镇，成为北魏北方最大的隐患。

北魏奴童俑。河南洛阳北魏元邵墓出土的北魏昆仑奴童俑。北魏统一北方，迁都洛阳，形成中国历史上的南北朝格局。

皇兴四年（470）柔然又攻于阗，于阗遣使向魏求援，魏帝因考虑到路途遥远，难解燃眉之急，故未发兵相救，但答应于阗，以后一定要帮其国解除祸患。同年9月，柔然部真可汉攻打北魏，魏主召集群臣商议进军之计。尚书右仆射南平公目辰说：“如果皇帝您要御驾亲征，必造成京城恐慌，不如慎重、坚守，敌兵孤军深入，粮草不继，不久自退，那时再派兵追之，必然大胜”。而给事中张白泽说：“愚蠢之敌，胆敢侵犯我主边界，如果皇上您御驾亲征，敌人必然望风而逃，以您万乘之尊，孤城自守，这绝不是威服四夷之策。”最后，魏主决定御驾亲征，遣京兆王子推督军出西道，任城王云出东道，汝阴王天赐为前锋，陇西王源贺为后继，镇西将军吕罗汉留京城理事。然后，诸将与魏主会师于女水之滨，与柔然展开大决战，结果柔然大败而逃。魏兵乘胜追击，斩首五万级，归降一万多人，获戎马器械不可胜计。历时19日；往复6000余里。改女水为武川，然后得胜回至平城。

魏冯太后杀子·临朝称制推行汉化

北魏承明元年（476）六月十三日，北魏冯太后鸩杀太上皇拓跋弘（献文帝），临朝称制。北魏延兴元年（471），魏献文帝拓跋弘把帝位传给他的5岁儿子拓跋宏，是为孝文帝。政令多从献文帝。献文帝之母冯太后为文成帝的皇后，魏和平6年（465）文成帝卒，子拓跋弘12岁即位，尊为皇太后。天安元年（466）丞相乙浑谋逆，太后密定大计，诛浑，遂第一次临朝称制。次年（467），皇孙拓跋宏生，太后亲自抚养，宣布不听朝政。第一次临朝称制时间仅一年还政。冯太后独居寂寞，与李奕私通，颇有丑闻。献文帝不满，因事诛杀李奕。太后怒，遂有害献文帝之心。延兴六年（476）六月，冯太后暗使鸩毒，献文帝暴卒，年仅23岁。冯太后遂再次临朝称制。大赦天下，改元承明，时孝文帝年幼（10岁），尊太后为太皇太后。冯太后为长乐信都（今河北枣强县西北）人。父冯朗，北燕末主冯弘之子，母乐浪王氏，均为汉族。太后由于出身及家教关系，自幼崇尚汉文化，性聪慧，知书计，通晓政事，但为人猜疑，多权数。孝文帝又孝顺，处处顺从祖母心意，事无大小，都由太后决定。太后也自由了断，不与孝文帝商量。冯太后宠信王琚、张佑、王遇、苻承祖、王质等，皆恃宠用事。张佑官至尚书左仆射，爵新平王；王琚官至征南将军，爵高平王；其余之人也官至侍中，吏部尚书、刺史；爵为公、侯、赏赐巨万，赐铁券，许以不死。外臣如秘书令李冲，虽是赁才能当官，亦由冯太后私宠，赏赐不可胜计。

山西大同冯太后永固陵“童子棒蕾图”浮雕

冯太后执政时，威福兼作，无人敢违，主持班禄，决定推行三长制、均田制、新租庸调制等改革，对北魏一代政治影响甚大。拓跋宏后来大革胡俗，推进汉化，与受太后教育颇有关系。魏太和14年（490）冯太后死，魏孝文帝开始亲政。

魏罢门房同诛律

北魏延兴 4 年（474）六月，魏帝下诏："下民凶恶，所作所为不顾亲戚，一人作恶，殃及全门。朕为民父母，深感痛惜。此后如果不是反大逆，其余之罪，仅及个人。"于是罢门房同诛之律（门诛即诛其一门，房诛即诛其一房）。

魏献文帝勤于政务，赏罚分明。对选择官吏较慎重，廉者晋升，贪者贬退。各司有疑事，多奏明于他。上皇（时献文帝已传位于子元宏，自己为太上皇）全事之大小，都应依据法律，不得为模棱两可的奏章。合法则批准，不合则受弹劾。由此，事情多处理得较为妥当。上皇尤重视刑罚，死罪多会反复审理，甚至多年囚禁。他认为，长期囚禁虽不是很好的办法，但较仓猝处理为佳。人被囚禁则思善，故智者以囹圄为福地，不过是想囚犯改悔而加以怜悯宽恕罢了。所以，魏国对人囚禁时间有时虽然较长，但其刑罚处理还是比较得当。

魏与五州蛮攻齐

北魏太和三年（479）十一月，北魏助宋降王刘昶复国，出兵几路攻齐。

齐建元二年（480）正月，齐之荆、湘、雍、郢、司五州蛮，得知魏兵出兵攻齐，于是乘机出动。襄城蛮秦远进攻潼阳（今湖北兴山东北），杀潼阳县令。司州蛮带魏兵攻平昌（今山东潍坊西南），被平昌戍王荀元宾打败。上黄蛮文勉德攻汶阳（今湖北远安西北），汶阳太守代元宾弃城逃奔到江陵。豫章王嶷派中兵参军刘伾绪带兵讨伐，文勉德请降，秦远逃走。

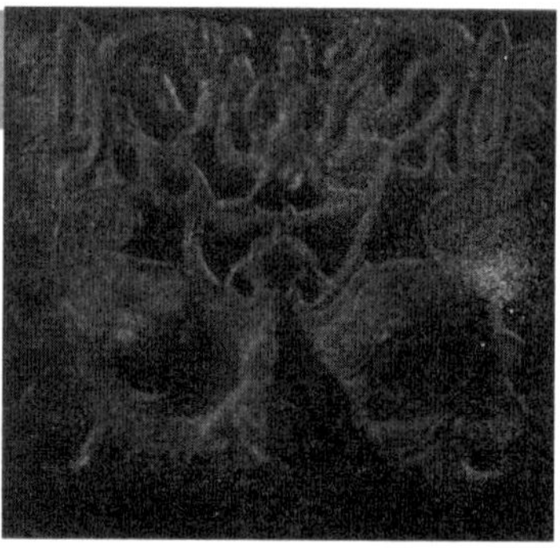

北魏透雕铜饰。铺首下部为一圃目高鼻、双角上翘的兽面，双角之上为双龙对称交错。双龙间有一立佛双手叉腰，双臂支撑着龙的头部及前瓜，分腿踏踩于双龙尾部。整体呈方形，造型生动，形象逼真。

魏太和四年（480）八月，齐攻南城（今江苏清江市西南），戍王举城降魏。魏派徐州刺史梁郡王拓跋嘉迎接降军。又派平南将军郎大檀等 3 将从朐城（今江苏连云港海州镇西南），将军白吐头从海西（今江苏灌南），将军元泰出连口（今江苏涟水），将军封延等出角城，镇南将军贺昌出下蔡（今安徽凤台），同时侵犯齐境。9月，齐汝南太守常元真、龙骧将军胡青苟降魏。魏梁郡王拓跋嘉率军10万围朐山，朐山守将玄元度据城自守。青、冀二州刺史派兵助元度大败魏军。10月，魏又以昌黎王冯熙为西道都督，与征西将军桓诞出义阳（今河南信阳），镇南将军贺罗出钟离（今安徽凤阳一带），一起侵犯齐境。魏太和5年（481）正月，魏军进逼淮阳，兼围角城。齐派领军将军李安民为都督，与军王周盘龙救援，大败魏军，杀伤万计。魏军退至孙溪渚，又为李安民等所败。2月，齐游击将军桓康又于淮阳打败魏军。恒崇祖也率兵渡淮水攻魏，杀获数千。4月，北魏因屡次出兵失利，掠淮北民众3万人归平城。7月，肖道成以车僧郎为使，北上议和，南北停战。

魏实行制度改革

北魏酱黑釉陶马

北魏孝文帝时期，其祖母冯太后临朝执政，其间进行了一系列制度改革。

制定新律　太和五年（481）十月，魏中书令高闾等更定新律，共832章，门房之诛16章，大辟235章，杂刑377章。

以古制祭七庙　依先朝旧例，七庙之祭，多不亲谒。太和六年（482）十一月，孝文帝思亲祀事，命有司按照古王礼之常典，配备牲牢、器服和音乐，从此以古制祭祠七庙。

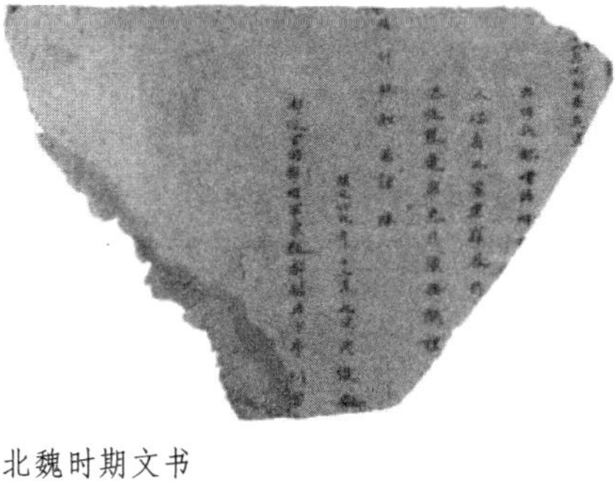
北魏时期文书

置班禄法　魏初，百官无禄，以虏掠及贪污为生，滋生许多弊端。太和八年（484）六月，魏实行班禄法，每户增调帛三匹、谷二斛九斗，作为官司俸禄。增调外帛二匹。颁给百官俸禄后，贪赃满一匹者，皆处死。同年九月，秦、益二州刺史李洪之自恃为外戚，为政贪暴，成为班禄之后，首位因贪赃被查处的官吏。魏主命锁赴平城（今山西大同），召集百官亲自数其罪恶，因其为朝廷大臣，允许他在家自尽。其余贪官 40 余人被处死。满朝官吏肃，不敢贪赃枉法。

立三长制及租调制　北魏初入中原，无乡党之法，实行宗主督护制，隐瞒假冒户口的很多，一户往往有三五十家。太和十年（486）二月，内秘书令李冲建议实行三长法，得到冯太后支持，遂立三长制，定民户籍，规定：五家为邻，设一邻长；五邻为里，设一里长；五里为党，设一党长。三长的职责是检查户口，征收租调，征发兵役徭役。又规定民调按一夫一妇为一家，每年向国家交缴帛一匹、粟二石。15 岁以上未婚的男女 4 人，或从事耕织的奴婢 8 人，或有耕牛 20 头，分别出一夫一妇的租调。三长制实行后，使承担国家赋役的对家增多，国家增加收入，人民减轻负担，上下安定。

定服色　太和十年(486)正月初一，孝文帝朝会，始服衮冕。四月，制定朱、紫、绯、绿、青五等公服（朝廷之服）。八月，给尚书、五等爵以上朱衣、玉佩、大小组绶。

依户给俸　太和十年（486）十一月，魏议定亲民之官按照所领民户多少给俸禄。

订定乐章　太和十一年（487）正月，魏主下诏修定乐章，非雅者除之。

北魏推行中国历史上第一次均田制

北魏太和九年（485）十月，北魏行均田制。

北魏王朝建立以前，北方地区经历了长达 130 余年的战乱，大量的肥田沃土成为无主荒地，因此每一新的王朝手中总握有大量的国有土地，使均田令的出台有了物质基础。

北魏王朝建立后，国有土地的经营除军屯外，还以部落为单位并从新占地上迁劳力到京城附近开荒，使用计口授田的方法，发展农业生产，增加国家粮食收入。这就是均田令出台的实践基础。北魏王朝建立后，政权较稳定，有些荒地的原主人与新主人关于土地所有权的争执，及其他类似问题出现，就更推动了均田令出台。为了限制豪强地主对土地的兼并，恢复小农经济，增加封建国家的财政收入，入主中原的鲜卑族将平均分配耕地的农村公社残

北魏屏风漆画列女古贤图（局部）

北魏屏风漆画列女古贤图（局部）

余和地主土地所有制结合起来，由李世安首倡，于485年由孝文帝下诏推行均田制。

均田制的原则是计丁授田。具体内容是：一、政府授给均田农民露田。15岁以上的男子授露田40亩，妇人（有夫之妇）20亩，有奴婢及耕牛者另给土地，即奴婢与普通农民一样，人数不限，每头耕牛30亩，以4牛为限。授田时按休耕周期加授一至两倍的倍田。露田只栽种五谷，不栽种树木，授田后不许买卖，年满70岁或身死后归还官府。二、初授田的男子另给桑田20亩作为世业，终身不还，在3年内栽种桑树50株，枣树5株，榆树3株，不宜种桑之地，每名男子给一亩种榆树或枣树。在非桑宜麻之地给予麻田，男子10亩，妇人5亩，奴婢与普通农民一样授田，麻田按露田法还授。三、新定居的农民给予园宅田，每3口1亩，奴婢每5口1亩。四、地方官吏按品级授给公田，刺史15顷，下至县令郡丞6顷，不许买卖。五、全家老小残疾者没有授田资格，年满11岁以上和残疾男子各按半夫授田，年逾70者不还受田，守志的寡妇虽无须课田仍授给妇田。六、每年正月举行授田和还田，如刚受田就死亡或者买卖奴婢和耕牛者，到第二年正月进行还授。对于地广人稀之地，政府鼓励农民开垦耕种，到后来有住户时才依法授田。

均田制是北魏政权在奴隶制残余形态特别严重的特定历史条件下实行的一种土地分配制度，是封建土地所有制的一种补充形式。它肯定了鲜卑贵族和中原地区汉族世家大地主占有大量桑田的合法性，并把均田农民束缚在土地上，使游离的劳动力重新和土地结合起来，扩大自耕农的数量和政府的纳税面，推动了农业生产的发展和北魏政权封建化的进程。

魏惩贪

太和十三年（489）六月，魏汝阴王天赐、南安王桢，都因贪赃将被处死。冯太后和孝文帝亲临皇信堂，召见王公，太后说：“卿等认为应当因他们是皇亲而毁弃国法，还是要灭皇亲而昭明国法呢？”群臣皆言：“二王是景穆皇帝之子（孝文帝叔祖），应受宽恕。”太后不应。魏主下诏：“二子所犯之罪难以饶恕，太皇太后追念高宗兄弟之恩，且南安王事母孝谨，今特免死，削夺官爵，禁锢终身。”

当初，魏朝廷听说南安王桢贪暴，曾派间文祖到长安侦查这件事。文祖接受南安王贿赂，为其隐瞒。事发后，文祖亦抵罪。冯太后对群臣说：“文祖以前自称清廉，现在竟犯法。由此看来，人心确不可知。”魏主说：“古有待放之臣，卿等可自审，不能克服贪心者，任其辞职归家。”宰官慕容契说：“小人之心无常，而帝王之法有常，以无常之心奉有常之法，非所克堪。臣乞从退黜。”魏王说：“契知心不可常，则知贪之可恶矣，何必求退！”迁宰官令。

柔然控制中西交通线

398 年，鲜卑可汗拓跋珪迁都平城，正式称帝，改元天兴，为北魏道武帝，着手准备重新进入中原，于是，在鲜卑之后，继起控制河西走廊和天山南北中西交通干线的民族是柔然。

402 年，柔然首领社仑，自称丘豆伐可汗，控制了亚洲北部地区：东边到达朝鲜故地之西，西边则统治了焉耆以北的草原，而以敦煌、张掖之北作为部落的统治中心，此后八九十年间，在五世纪中，柔然成为在北方和北魏对立的强大势力。自 402 年北魏道武帝拓跋珪发兵攻击柔然始，到 493 年北魏迁都洛阳，入主中原时，北魏和柔然争战激烈而柔然遭到挫败，被迫西徙，在天山南北建立起一个强大的草原帝国，开始控制了河西走廊和中西交通线，成为中国和西方文明大国如拜占廷、萨珊波斯等打交道时不可绕越的强悍的中介国。

为了中西交通线的畅通无阻，北魏于 458 年动员了

10万名骑兵，15万辆车，直捣大漠，柔然吐贺真可汗只得远徙，中西交通线暂时获得畅通。461年到465年间，柔然卷土重来驱迫鲜卑，并且和西方拜占廷邻近各族争战。在这几年的战争中，柔然向西重新占领天山以北鲜卑故地，并向中亚细亚草原牧民发动掠夺战争。470年柔然成功攻袭于阗，此时天山南北已完全役属于它。同一年，柔然又被北魏战败，于是开始向西扩展，其势力直抵阿姆河畔，和大月氏国都卢监氏城（今阿富汗瓦齐拉巴德）相接，柔然帝国卓然而立，柔然民族雄霸中亚。

柔然和北魏时有摩擦，所以在柔然控制天山南北中西交通线时，中国和西方的交流受到阻碍。元魏和波斯的互通使节，开始于元魏统一华北后，波斯于455年和461年两次遣使来华，但由于元魏无力控制高昌，被柔然控制的北道因此未能畅通，使两国的交好遇到一些麻烦。自哌哒兴起后，通过于阗的南道就成为元魏和西域通好的重要通道了。宣武帝正始四年（507），哌哒、波斯等国的使者，通过此道一同来到魏都平城。此后多年，通过哌哒，元魏和印度、波斯互建邦交，交换商货，避开了柔然控制中的天山交通线。

柔然虽和北魏交恶，但和南朝却互通使节。故哌哒的兴起，使柔然、波斯和南朝的交通开辟了一条新路。这条新的交通线北出祁连，连通凉州，成为中西交通路线上的青海一道，由于位处黄河上游折曲处以南，史称河南道，这条道成为南方和柔然、丁零民族联系的主要干道。480年后柔然使者曾多次经益州到建康（今南京）和南齐、梁朝通好。

5世纪时期，柔然一直是控制河西走廊和天山南北中西交通要道的草原帝国，进入6世纪以后却风云突变。由于内讧，国运渐衰，520年，丑奴可汗阿那瓌战败后，投靠北魏接受册封，但终未能挽救衰亡的帝国，在552年为突厥所灭，中西交通线的控制权也转到了突厥手中。

魏迁都洛阳

魏太和十四年（490），冯太后死，魏孝文帝开始亲政。他亲政后办的第一件大事，就是把都城从平城迁到洛阳。

北魏自天兴元年（398）定都平城以后，经过近百年的时间，形势发生了很大的变化，平城作为都城已不适应。经济上，平城塞脊，而交通运输不便，在人口日益增加的情况下，粮食常发生困难。军事上，平城地处边境，北受柔然的威胁，经略南方又显得太远。政治上，由于各族人民不断地反抗，北魏统治者迫切要求同汉族地主进一步合作。为此，需要进一步消除民族界限，实行汉化政策。但在鲜卑族集中的平城，推行汉化阻力很大。还有，孝文帝自幼受冯太后汉文化教育，对中原正宗汉文化心向往之。当政之后，推行汉化政策，终觉平城地处边疆，离中原遥远，所学难得精髓。由于这些原因，孝文帝决心把都城迁到洛阳。太和十七年（493）八月，孝文帝准备迁都，又恐群臣不从，乃以南征为名，率 20 万大军南下，派太尉拓跋丕、广陵王拓跋羽留守平城。九月大军到洛阳，大雨连绵不止，天气极为恶劣，孝文帝假装令诸军继续南伐，群臣跪在马前劝阻，孝文帝对群臣说："此次出兵费事费钱，劳而无功。苟不南进，当迁都于此，王公同意否？愿迁者站在左边，不愿者站在右边。"许多老臣虽不愿迁都，但惮于南伐，于是没有人反对，迁都之事定了下来。尚书李冲以为洛阳尚需修整，请孝文帝先回平城，待修建完毕再迁来洛阳。孝文帝立志迁都，不想再归回平城，于是到洛阳附近的邺暂住。并令任城王澄回平城，告诉留守官员迁都之事，留守官员至此，始知迁都之事，无不惊骇。经王澄反复陈述、开导，众人始服。

太和十七年十月，李冲与将作大匠董尔按南齐朝城建康的格式来建造洛阳。孝文帝于滑台（今河南滑县）城东设坛，禀陈祖宗迁都之意。

太和十九年（495）九月，平城六宫、文武百官及百姓全部迁居洛阳。从此，北方进入一个民族融合、文化融合的新时期。

魏孝文帝主张汉化

魏孝文帝迁都洛阳后，极力主张汉化，并进行了一系列的改革措施，以加速汉化进程。

太和十八年（494），孝文帝派中书监高闾治古乐。十九年四月，孝文帝至鲁城（今山东曲阜）亲祠孔子。不久，改革官制。魏初，鲜、汉官号杂用，迁都后，孝文帝用王肃改定官制，一依魏晋南朝制度。

太和十九年五月，孝文帝又禁胡服、禁鲜卑语。鲜卑旧俗披发左衽；妇人冠帽著夹领小袖短袄。于是，孝文帝下令禁胡服，服装一依汉制。原来，

北魏元桢墓志铭，其中“元”即汉姓。这是迄今发现最早的方形墓志，又是隶书向楷书转变时期的代表作，为北魏墓志中的精品，历来受人们的珍视。

鲜卑人自然使用本族语言，北魏军中也是用鲜卑语。朝廷上则鲜、汉语杂用。孝文帝早就想禁止其他各族语言，以汉语为唯一通用语言。太和十九年六月，孝文帝正式下诏：“不得以北俗之语，言于朝廷，若有违者，免所居官。”在具体实行上，因为30岁以上的人不能一下子改变，尚不强求；30岁以下的，在朝廷上必须用汉语讲话。

太和二十年（496）正月，孝文帝又下令改姓氏。鲜卑人多是二三字的复姓，如拓跋、独狐、步六孤等。姓名与汉人不同，标志着民族的差异，影响“胡”汉贵族合作。因此，孝文帝下令把鲜卑族的复姓改为音近的单字汉姓，如拓跋代改姓元氏，独狐氏改姓刘氏，步六孤氏改姓陆氏，氏穆陵氏改姓穆氏等。同时，规定随迁洛阳的鲜卑人一律以河南洛阳为原籍，死后不得还葬代北。

此外，还定族姓。汉族地主的门阀制度早已形成。孝文帝改革时，确认门阀制度，并把它推广到鲜卑贵族中。拓跋氏改姓元，因是皇室，门望最高。其余的自拓跋硅以来“勋著当世”的8家：穆、陆、贺（贺赖氏）、刘、楼（贺楼氏）、于（勿忸于氏）、嵇（纥嵇氏）、尉（尉迟氏）为鲜卑族姓之首，与汉族的著姓清河崔氏、范阳卢氏、荥阳郑氏、太原王氏、赵郡李氏相当。此外，关中著姓以韦、裴、柳、薛、杨、杜、皇甫等族为首。门阀著姓又以父祖做官等级之高低、多少，分为甲、乙、丙、丁四等。凡是士族著姓，世为清官，不充猥任。这样，“以贵袭贵，以贱袭贱”的门阀制度确立了。

孝文帝的汉化改制遭到一部分保守的拓跋贵族的反对。太和二十年（496）太子拓跋恂企图逃回平城发动叛乱，被孝文帝处死。同年冬，鲜卑贵族穆泰、陆睿勾结镇北大将军思誉等在平城发动兵变，被孝文帝派兵镇压，平定了叛乱，从而保证了改革的顺利进行。

少林寺兴建

嵩山少林寺

少林寺位于河南登封县城西北少室山北麓五乳峰下，印度僧人达摩在此首创禅宗，从此成为中国佛教禅宗祖庭。

少林寺始建于北魏太和十九年（495）。当时，天竺僧人佛陀到达中国，擅长禅法，得到北魏孝文帝礼遇，并且在太和十九年为他敕造寺庙于少皇山中，供给衣食。因寺处于少皇山茂密丛林中，所以名为少林寺。孝昌三年（527），禅宗初祖菩提达摩一苇渡江，来到少林寺中传授佛法，传说他曾于寺内面壁9年，后传法给慧可。此后少林禅法师承不绝，传播海内外。达摩长期打坐修炼，为活动筋骨，创造了后世广为流传的少林拳法。北周建德三年（574），武帝禁佛，寺宇被毁坏，大象年间重建，改名为陟岵寺。隋代又恢复旧名，日渐发展为北方一大禅寺。唐初少林寺13棍僧救唐王，立下战功，为少林寺博得"天下第一名刹"的名号。

寺内主要建筑有山门、达摩亭、白衣殿、地藏殿、千佛殿等。山门门额书"少林寺"三字。达摩亭又称立雪亭，相传为二祖慧可立雪之处。白衣殿有少林寺拳谱及13棍僧救唐王壁画。千佛殿内有500罗汉朝毗卢壁画，画面约300余米，是明代作品，寺内保存有唐代以来碑刻300余方，其中珍贵的有《唐太宗赐少林教碑》，以及苏东坡、米芾、赵孟頫、董其昌等人撰写的碑碣。少林寺西有塔林，始建于唐贞元七年（791），有塔220余座，型制各异，高低不同，另外还有初祖庵、二祖庵，以及附近的唐法如塔、同光塔、五代法华塔、元代缘公塔等。

马氏高昌国建立

马氏高昌国为马儒所建立。马儒，本为凉州人，即汉末马腾之后，世为凉州大族。16国末期，为避难徙居高昌，传至马儒辈，又为高昌大族。

北魏太和二十年（496），国人杀张孟明，马儒被立为高昌王，史称"马氏高昌”。马儒以顾礼、麴嘉为左右长史。当时高车势力正盛，而被杀的张孟明又为高车所立，马儒唯恐高车报复，于太和二十一年派司马王体玄出使北魏，请求举国内徙。魏孝文帝同意，拟割伊吾（今新疆哈密）500里地让马儒及高昌百姓居住，并派遣明威将军韩安保前往迎接，马儒也派顾礼、麴嘉将步骑1500人迎安保，但双方因故错过。太和二十三年（499）马儒拟再次内迁，派顾礼及世子马义舒与安保联系，至白棘城（今新疆鄯善），高昌旧人恋故土，不愿东迁，于是杀马儒，立麴嘉为王。安保与顾礼、马义舒到北魏都城洛阳。“马氏高昌”建国4年而亡。

魏孝文帝卒

魏孝文帝像

魏孝文帝后期，魏齐连年大战。孝文帝经常在外，皇后冯氏与宦者高菩萨私通，及孝文帝病，更无所忌惮。后彭城公主不从冯皇后所愿改嫁冯后母弟冯夙，遂逃到悬瓠（今河南汝南），诉于孝文帝，并将冯皇后与人私通之事告知孝文帝。冯皇后知道后，开始有所畏惧。但暗中却令巫者祈祷：“帝若病死，我得如冯太后临朝称制，将重谢。”不久，孝文帝回到洛阳，捕高菩萨，乃知事情不假，于是将冯皇后虚置宫中。

北魏陶马。作者以巧妙的线面结合，塑造出了平稳站立，举颈勾首，依稀倔强地将要启程飞奔的骏马形象。

太和二十三年（499）三月，孝文帝病重，到谷塘原（今河南邓县东南）时自觉病日益严重，恐难再愈，乃托孤于司徒元勰，以太子年幼，命元勰辅助，又命侍中、护军将军北海王详为司空、镇南将军王肃为尚书令、广阳王嘉为左仆射、尚书宋弁为吏部尚，与侍中、大尉禧、尚书左仆射澄等6人辅政，并命赐死冯皇后，但仍以皇后礼葬之，以遮冯门之丑。

太和二十三年（499）四月一日，魏孝文帝殂于谷塘原，年仅33岁。孝文帝几个兄弟比较友爱，他曾对其弟元禧说："我后世子孙如不肖，你等体察，如可辅则辅之，不可辅则取之，天下勿为他人所有。"孝文帝死后，元勰与元澄认为齐军虽败走，但离谷塘原不远，担心他们再来进攻，于是秘不发表，元勰神色无异，一如平日。但暗中通知留守洛阳的元烈，元烈举止也如常。并召太子至鲁阳（今河南鲁县），遇梓棺乃发丧。十二日太子元恪继位，是为世宗宣武皇帝。

太和二十三年四月，元勰以孝文帝遗诏赐死冯皇后。

魏碑书法风格劲健

北魏时，佛教盛行，一时庙宇、造像、摩崖、碑林、墓志、刻经等处处林立。在客观上促进了北魏碑刻艺术的迅速发展。北魏碑刻中多用一种楷书，这种楷体直接继承了汉魏末年钟繇、卫瓘等的笔法，结字紧密厚重、端庄劲健。但在具体碑刻中又隶楷错变，无体不备，风格多样，成为南北朝时书法艺术的杰出代表。这种碑刻称为魏碑，书体称为"魏碑体"。

北魏初期，碑体方劲古拙，略带隶书笔意，如《太武帝东巡碑》、《大代华岳庙碑》、《中岳嵩高灵庙碑》等。著名书法家卢湛、崔悦在当时影响最大。孝文帝迁都后，石窟造像的题记与写经书法都是结体紧密，多取斜势，风格雄强，造像书法因刀刻的原因，笔画方截整齐，写经则轻重转折圆润，更体现了用笔原貌。龙门二十品造

始平公造像记

孙秋生造像记。魏造像至今存者，盈千累万，其最佳者，为龙门之《始平公造像》、《孙秋生造像》、《杨大眼造像》、《魏灵藏造像》，谓之"龙门四品"。此系其一。

像题记中，以《始平公造像记》、《孙秋生造像记》、《杨大眼造像记》、《魏灵藏造像记》四品最能代表魏碑体风格。

《始平公》，孟广达文，朱义章书，“极意疏荡，骨格成，体势定，得其势，雄力厚……”（康有为《广艺舟双辑》）。《孙秋生》，孟广达文，肖显庆书，书体方峻宕逸，圭角棱厉。《杨大眼》介于前两者之间，章法较疏朗。《魏灵藏》，书法酷似《杨大眼》。这四品，都“具龙威虎震之规”。

太和（477～499）年间，继承造像书体形成雄伟浑厚的书风，著名的碑刻有《光州灵山寺舍利塔下铭》、《晖福寺碑》等。太和后书法风格更加丰富多彩，出现了郑道昭（？～516）等碑刻大家，许多丰碑巨碣纷纷兴起，如《高庆碑》、《霍扬碑》、《刘根造像记》、《曹望憘造像记》等。宣武帝永平四年（511），郑道昭为纪念父亲郑羲刻上、下二碑，称《郑文公碑》。碑体为四种，雄健宽博，笔法圆转凝重，以篆籀笔力、隶书体势、行草跌宕风姿、楷书端庄之象集于一身，历来被评为北碑正宗，在郑道昭碑刻中流传最广，集中展示了魏碑劲健雄宏的风格。

清末民初，康有为把魏碑的美归纳为十项：魄力雄强、气象浑穆、笔法跳越、点画端厚、意态奇逸、精神飞动、兴趣酣足、骨法洞达、结构天成、组肉丰美，对它推崇备至。魏碑体在东魏得到继承，影响直至隋唐。

北魏开凿龙门石窟

太和十八年（494），魏孝文帝迁都洛阳，平城佛教僧众、能工巧匠齐集洛阳，开始大规模为北魏皇室贵族开窟造像，逐渐取代云冈石窟而成中心，以后历经各朝营建，龙门石窟遂成为规模宏大的石窟群。

龙门石窟北魏时期古阳洞南壁上层孙秋生等造像龛

龙门石窟，中原地区的大型石窟群，位于洛阳市郊伊水两岸，这里两山相对，如斧劈开，伊水从中北流，形似门阙，故古称“伊阙”，因古代地处隋唐都城之南，又称龙门。龙门石窟的开凿是从北魏太和十二年（488）北魏宗室比丘慧成

龙门石窟北魏时期宾阳中洞北壁立佛一铺

开凿古阳洞开始的，龙门石窟共有大小窟龛2100多处，造像约10万尊。其中北魏时期开凿的有代表性的有：古阳洞、宾阳三洞、莲花洞。

古阳洞平面呈马蹄形，顶部是穹窿状，进深约13.50米，高约11.10米，宽约6.90米。窟正壁高台雕造一佛二菩萨铺像，主尊结跏趺坐，两胁侍菩萨象形体重而匀称。两壁有计划凿造三层大型佛龛，每层四龛，作对称排列，龛内为释迦牟尼像或菩萨像。佛像继承云冈石窟的风格，但突出了北魏“秀骨清像”的特点。现存北壁比丘慧成为其亡父始平公造释迦像龛，魏灵藏、薛法绍造像龛等200人造像龛，护军长史郑长猷造弥勒像龛皆为当时人物风格样式的代表作品。古阳洞佛像龛楣上雕刻的佛传故事、维摩与文殊辩难等画面以其戏剧性的情节和连续性的故事吸引人。在高五六厘米的横幅构图中，释迦牟尼从投胎、降生、出家、成佛等一生行踪，栩栩如生地展现出来，具有长卷式故事画的连续特点。文殊与维摩辩论安排在龛楣两端，中间错落有致地刻出恭听辩论的僧俗人物，从而使画面有机结合起来。维摩的形象已不再是云冈石窟头戴毡帽、身穿胡服的鲜卑人模样，而表现为北魏文士宽衣大袖的儒雅风度。龛下面的僧尼、贵族由侍从簇拥，缓缓向前，生动地表现出人物走路的姿态。这些特点都是石窟中雕刻帝王礼佛的早期模样。

继古阳洞之后，北魏皇室又开凿了大型石窟宾阳三洞。《魏书·释老志》记载：从景明元年至正光四年（500 ~ 523）“用功八十万二千三百六十六”，营造石窟三所。宾阳石窟沿用云冈石窟形制，造像体量略减，空间感增强，接近于中国古代的殿堂。三洞的开凿历时23年，在北魏时只中洞完工，南北二洞到初唐时续造完成。宾阳中洞为穹窿顶窟，进深11米，面宽11.10米，高9.30米。窟内雕造三世佛像，正壁造像一铺五躯，释迦牟尼居中，西侧胁侍二弟子二菩萨，佛座前刻二蹲狮。左右壁各造一佛二菩萨，壁面浮雕弟子像。主次分明，线条对称明快，疏密相间，从而达到飘逸高迈的艺术效果。

窟前壁刻着佛经故事和礼佛图。浮雕分上、下四层，排列于窟门两侧，上层是文殊与维摩论辩场面，帷幔下面的维摩相貌清秀，手摇羽扇，神态自然，感染力很强，第二层是须达那太子和萨埵太子本生故事。第三层是《帝后礼佛图》，宫女前呼后拥，场面奢侈壮观。第四层是“十神王”，十王名称可能为东魏武定元年（543）骆子宽等70人造像碑记的狮、龙、像、鸟、山、河、树、火、风、珠神王。

代表北魏后期艺术水平的石窟是莲花洞。莲花洞开凿于正光二年（521），进深9.60米，宽6.15米，高6.10米，因窟顶雕有大莲花藻井而得名。窟内主尊为5.30米的立佛，两边菩萨立像高4.2米，佛与菩萨和颜悦色，壁面刻着许多小龛。在雕刻手法上，已从云冈石窟的直平刀法向圆刀刀法转变，艺术风格则从前代的浑厚粗犷向优雅端严过渡。北魏造像体现出佛教中国化、世俗化的趋势，反映了孝文帝迁都洛阳后民族融合的特征。

除上述三大窟外，北魏末年还造出大批小石窟，如火烧洞、石窟寺、药方洞、魏字洞、赵客师洞、普泰洞等。龙门石窟的三分之一是在北魏开凿的，三分之二在隋唐完成的。龙门石窟继承了云冈石窟的艺术和风格，且不断发展和创新，使之更具有民族特点。

魏立太子诩不杀母

鲜卑族的北魏皇室有一惯例：太子册立，其生母便要被立即处死。目的是防止太后专权，致使皇权旁落。当时嫔妃都不愿生太子。这种情况到北魏第七位皇帝元恪的贵嫔，即第八位皇帝诩的生母胡太后时才发生了变化。

胡氏为司徒胡国珍之女，后被北魏皇帝元恪收入宫中。她怀孕后，好心的人劝她悄悄堕胎，她慨然道：我纵是一死，也要为皇家生一嗣子。十月临盆，她果然生一皇子。皇帝喜出望外，将此子赐名为诩，北魏延昌元年（512）十月十八日立为太子。胡氏因此深得皇帝宠爱，不仅未被处死，反而母以子贵，被封为贵嫔，立子杀母的制度也由此废止。四年之后（即515年），魏宣武帝元恪病逝，年仅7岁的皇太子元诩即位，为肃宗孝明皇帝。胡太后被宦官刘腾等保护免遭宣武帝皇后高氏杀害，并被尊为太后，同年开始代年幼的皇帝临朝称制。魏立太子诩不杀母在客观上为后来胡太后乱魏张了本。

李崇抗水

江汉大堤。汉水襄阳大堤始建于汉代，曹魏时曾因堤决，重加修筑。东晋陈遵在江陵筑堤。梁代天监元年(502)，郢州（今武昌）也有筑江堤的记载。长江流域大堤经历代修筑，逐渐成为今天江汉平原的保障。

北魏名将李崇为人深沉宽厚，很有谋略，颇得人心。他在寿阳为官期间，手下常养数千壮士，有敌人来侵犯，无不击溃。南朝的梁武帝多次施离间计，又授他车骑大将军、开府仪同三司、万户郡公；并将他的儿子们也都封为县侯。但魏主始终信任李崇，对他重用有加。

北魏延昌二年（513）五月，寿阳地区长时间内一直下雨，大水涌进城里。当时扬州刺史是李崇，他带领军队驻扎在城墙上，日夜巡察、救险。城外水位最高时只差二版就要漫过城墙，烟柳繁华之地眼看着就要成为一片水乡泽国了。李崇的属下们看形势危急，都劝他赶紧弃城出逃，登上附近的八公山躲避。但李崇认为，整个淮南的安危都系在自己一个人身上，一旦离开，百姓必然瓦解离散，那么千里扬州就将不属于魏国了。当时治中裴绚见水势不妙，率领城南的数千居民乘船往南方高原上躲避。裴绚以为李崇肯定和他一样已经北撤，于是就自称为豫州刺史，向梁国请求投降。裴绚叛国的消息传到李崇耳里，李崇马上派堂弟李神率水军去攻击，打败裴绚，毁其营地。裴绚逃脱，却又落入村民之手，自杀而死。

沙门法庆起兵反魏

北魏景明帝以后，政治混乱，官吏腐败，民生困苦，故弥勒佛的信仰极为流行，人们相信今世即将堕落，新世将要出现。沙门许多人也以信仰弥勒相号召，聚众起事，其中法庆起兵反魏最为引人注目。

法庆本为冀州（今河北冀县）僧人，精于迷药幻术，宣扬弥勒。延昌四

北魏朱双炽造像

年（515）六月，他联络勃海人李归伯，借迷信招集乡人起事。法庆为头领，以尼姑惠晖为妻，李归伯任十住菩萨、平魔军司、定汉王。他们号称“大乘”，打出“新佛出世，除去旧魔”的口号，规定：“杀一人为一住菩萨，杀十人者为十住菩萨。”所过之处，毁佛寺，斩杀僧尼，焚经烧像。起事初期，便杀了阜城令，攻破勃海郡。刺史肖宝寅派崔伯麟进击，亦被击溃，崔伯麟被杀。法庆一时声威大震，很快便聚集达五万余人。朝廷大惊，忙派征北大将军元遥率兵骑十万讨伐。这年九月，法庆义兵寡不敌众，为元遥大破，死亡数万人，法庆及其妻惠晖等头领百余人被捕斩首，传送洛阳，不久李归伯也被擒获处死。但一小部分人突出重围仍坚持作战。

魏熙平二年（517）正月，法庆余军又聚兵起事，攻进瀛州（今河北河间），刺史宇文福之子、员外散骑侍郎宇文延率兵抵抗。义兵纵火焚烧斋阁，火势漫延，宇文延冒着浓烟烈火将父亲抱出阁外，皮肤须发都烧焦烧烂了，仍勒令部下苦战顶住义兵。义兵到底势孤，不支败退，宇文延乘机率众追击，一举扑灭法庆余部。

魏胡太后临朝称制

北魏延昌四年（515）正月十三日，魏宣武帝元恪病卒，年仅7岁的皇太子元诩继位，即肃宗孝明皇帝。同年九月，元诩之母胡太后以元诩幼小为由，正式临朝称制。

胡太后是安定临泾（今甘肃镇原附近）人，她生性聪悟，多才多艺，颇有政治抱负。胡氏在太子即位后本应依“立子杀母制”被处死，幸亏宦官中常侍刘腾保护得免于难。所以胡太后称制后重用了刘腾和妹夫领军将军元义。神龟三年（520）七月四日，元义、刘腾以太后和清河王元怿私通，秽乱宫廷

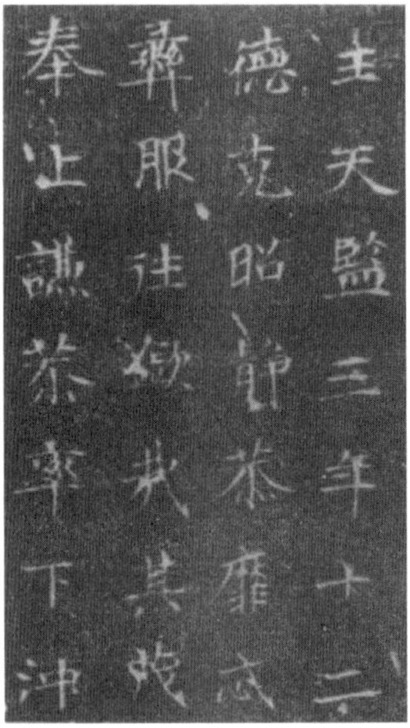

梁王墓韶墓志

为由，发动宫廷政变，杀死元怿，把胡太后囚禁于北宫。胡太后第一次称制5年，至此结束。

元义、刘腾政变是因太后修寺导致民怨沸腾，但他们把持朝政后政治仍毫无好转。皇亲国戚荒淫奢侈，朝廷权贵卖官鬻爵，地方官吏盘剥聚敛，国基动摇，民心思乱。正光四年（523）三月，刘腾死，元义势力削弱。次年三月和六月，六镇和关陇先后发生起义。胡太后见时机到来，遂于此年秋以出家为尼威胁元义同意她与元诩聚会。母子二人借南巡洛水之际到丞相高阳王元雍府上定下计策，不久即解除了元义官职，使他不能统领禁军和入宫议事。六年（525）四月十七日，胡太后再次临朝称制，废杀元义。无人制约，胡太后行为更加放荡，朝政驰废，国势飘摇，元诩不满，母子冲突日剧。武泰元年（528）二月，胡太后害死亲子元诩，又立年仅3岁的故临洮王世子元钊为帝。四月，河阴之变爆发，胡太后及幼帝均被害。胡太后第二次称制共3年。

胡太后建佛寺

北魏胡太后崇信佛教，修建了许多僧寺佛塔，斥资无数，国力消耗很大，人民穷困，怨声载道，这是她被囚，结束第一次临朝称制的重要原因之一。

胡太后所建寺庙以熙平元年（516）建的洛阳永宁寺和石窟寺为最有名。石窟寺座落于洛阳伊阙山（今河南洛阳南），极尽土木之美，轰动一时。

同年十一月，胡太后又令将作大匠郭安兴在洛阳阊阖门南建永宁寺，此寺仿平城永宁寺建成，为北魏洛阳最大的佛寺。寺内筑有一座九层浮图（塔），高达90丈，上面金刹（塔尖）又高10丈，距洛阳百里之外遥遥可见，塔上又挂满铃铎，夜静风吹铃响，声传十里。浮图北有神殿一所，中有一尊丈八金像，10尊一人高金像，3尊绣珠像，5尊金织像，两尊玉像，均工艺奇巧。殿后有僧房楼观千余间，雕梁粉壁，珠玉锦绣，其华丽令人惊叹。寺中还有一座大译场，众多高僧在此译出无数佛经。永宁寺富丽堂皇，自佛教传入中国以来，塔庙之盛，还没有超过它的。在北魏末年大动乱中，永宁寺毁于战火。

生物学知识更加丰富

魏晋南北朝动荡的社会形势把许多学者推向大自然和生产实践，使他们获得了许多实际的新鲜知识，进一步了解了大自然，丰富了生物学方面的知识。

这一时期涉及生物学的著作很多，重要的有晋人郭璞（276~324）的《尔雅》注，三国吴人陆玑的《毛诗草木鸟兽虫鱼疏》，晋人张华（232~300）的《博物志》，晋人郭义恭的《广志》，晋人崔豹的《古今注》，南北朝宋人戴凯之的《竹谱》，北魏贾思勰的《齐民要术》，梁陶弘景的《本草经集注》，晋葛洪的《肘后备急方》、《抱朴子》，以及刘欣期的《交州记》，顾微的《广州记》等。这些著作较有代表性地反映了当时人们的生物学知识。

对生物进行形态、习性方面的描述，突破了过去以名词解释名词的方式。例如《尔雅》注对原书中的名物物作图，作赞，力求消除疑义。如解释“赤棣”说：“赤棣树，叶细而歧锐，皮理错戾，好丛生山中，中为车辋。白棣，叶员（圆）而歧，为大术”。根据这些形态、习性的记述，后人确认“棣树”为现在的槭树。这种摆脱“天人感应”和“五行分类”的唯心论影响，从形态、生活环境出发阐释的方法，较前代有了很大进步。陆玑的《毛诗草木鸟兽虫鱼疏》比郭璞更彻底地摆脱了以名词释名词的作法。他已知道了蝗虫以腿节摩擦前翅而发出声响的情形。

这时期的昆虫学知识也得到发展。张华的《博物志》中记载了生物学称作“完全变态”的蛾、蝶等鳞翅目昆虫，一生要经过卵、幼虫、蛹和成虫等四个阶段的生命周期，说“盖蛹者蚕之所化，蛾者蛹之所化”。并认识到蚕的单性生殖现象：“蚕不交者亦产子、子后为蚕”。他还对我国家养蜜蜂的情况作了最早的比较翔实的记录。北魏贾思勰所著的《齐民要术》转引刘欣期《交州记》说：“古度树不花而实。实从皮中出，大如安石榴，色赤可食。其实中如有蒲梨者，取之为粽。数日不煮，皆化成虫，如蚁，有翼，穿皮而出，着屋皆黑”。同书所引顾微的《广州记》中，也有类似的记载，可见1500年前人们已经从仔细的观察中得知无花果树须用无花果小蜂传粉才能获得丰收，而直到大约200年前美国人才认识到这一点。

对寄生虫和免疫学方面的认识，已见诸于这一时期的有关著作。葛洪所著《肘后救卒方》中，记录了对一些寄生虫病的认识。例如对沙虱的生活形态，发病地区，传染途径，临床特征以及预防方法的描述都十分正确。更突出的是他已具有了一定的免疫学方面的知识。其在书中记录的“以毒攻毒”的疗法就包含了近代免疫学的某些思想。如“疗猘犬咬人方”指出：“仍杀所咬犬取脑敷之，后不复发”，就是以狂犬脑中的病毒为抗原，刺激机体产生抗体，以消灭狂犬病毒的免疫方法。直到 1885 年，法国微生物学家巴斯德才用经过在兔脑中培养的减毒狂犬病毒（疫苗）治疗狂犬病，比葛洪晚了大约 1500 年。

魏晋南北朝人的这些认识和发现，极大地丰富了我国的生物学知识，并为整个人类认识大自然提供了宝贵的知识财富。另外，题名戴凯之撰的《竹谱》是我国第一部论述竹类的专著，并开我国植物谱志的先河。

魏求佛经

巩县第三、四窟外景

北魏神龟元年（518）十一月，北魏宋云、惠生等奉胡太后命赴天竺取经。

北魏胡太后崇信佛教，大兴佛寺，神龟元年（518），都城洛阳之中就有寺庙五百多，为建寺占夺民居达三分之一。为了表示虔诚，胡太后还于当年（一说为天监十七年）派遣使者宋云和僧人惠生前往天竺，朝礼佛迹，访求经典。

使者宋云是敦煌人，惠生乃洛阳佛寺中的一个比丘。他们奉太后令，于神龟元年十一月自洛阳出发，西行四千里至赤岭（今日月山，在青海省湟源县西），才出得魏国边境；又经西域（今新疆境内）诸国，于神龟三年（520）四月中旬至乾罗国都城富楼沙（今巴基斯坦白沙瓦），取得佛经。直到正光三年（522）二月他们才回到洛阳。他们带回 170 部佛经，均为大乘佛典，此外还带回乾罗国模铸的本生变图，对促进中国佛教文化发展具有重要的意义。宋云著《家纪》及《魏国以西十一国事》，惠生著《行记》，成为宝贵的史料。

礼佛图局部

北魏建巩县石窟

位于河南省巩县县城西北 2.5 公里洛河北岸邙山（当地称大力山）岩层上的巩县石窟，开凿于北魏晚期的熙平（516~518）至永熙（532~534）年间，是北魏乃至北朝雕刻艺术的最后成就，它与洛阳龙门、大同云冈石窟一起，构成了中国石窟雕刻艺术的第一个高峰。

巩县石窟共有 5 窟，现存 1、3、4、5 窟；北魏孝明帝熙平二年（517），巩县石窟正始开凿，到正光四年（523），第一窟及窟外的两个摩崖大龛完成，到孝昌末年（528）又完成了第三四窟；永安二年（529）始凿第 5 窟，中间断断续续，终于永熙年间（532~534）完成。第二窟初具窟形时便已停工废弃，未能完成，其内外与其他窟外壁一样留有很多东魏、北齐及唐代雕刻的小龛。

北魏统治者十分崇信佛教，佛教被定为国教，孝文帝曾游希玄寺，赏银僧侣，令建寺院，宣武帝也曾因疾赴希玄寺礼拜佛像，还选拔能工巧匠，开凿石窟，雕刻石佛，修整佛像和殿宇，在其倡导下，皇亲显贵纷纷效法，极尽佞佛之能事，加之迁都洛阳以后，与中原传统艺术融合，文化昌明，经济实力也有所增强。因而巩县石窟规模宏伟，艺术水平也空前提高。

巩县第一窟礼佛图（东侧）

现存 5 个巩县大窟，均为方形平面，除第 5 窟外，窟中央都凿中心方柱，是我国中原地区前期典型的塔庙窟。方柱四面凿龛设像，窟顶凿平棋，雕刻伎乐飞天、莲花等浮雕，造像面型方圆，衣纹疏朗，纹饰简洁，中心柱四面及窟内四壁，雕刻

巩县第一窟立佛头像

千佛、释迦多宝并坐像，维摩文殊对坐像和三佛等题材。基座刻神王、怪兽和伎乐。其中第一窟规模最大，雕刻尤为精美。外壁入口左右雕力士像，手执金钢杵。中心柱四面各凿大龛，窟左右壁和后壁各列四大龛。

巩县第一、三、四窟的造像，身肢短粗朴实，面相丰圆而略长，呈现出与云冈昙曜五窟的浑厚质朴及龙门北魏窟秀骨清像完全不同的风貌。相比之下，第五窟结构显得趋于保守，它为三壁三龛式方形窟，东壁凿半跏趺坐弥勒龛。平基有莲花、飞天，窟门内壁两侧各雕一立佛。造像为清癯透骨型，飘逸而传神。

巩县石窟取得的最突出成就有三项，第一，雕刻的整体布局整齐合理，它包含了多方面的内容，如石窟的外观方面，窟内形式及雕刻本身的构造。其外观无外廊，中心柱窟形，窟内布局，表现出全新的形式。巩县第 1 窟的中心柱主窟安置三佛主尊、窟外左右各凿一宽 6 米的大龛，安置一佛二菩萨像，使其外观立面成为宽 26 米，高 8 米的巨大构图，正中是窟门和门上的明窗，门两侧神王与窟门等级，再外面为高 6 米多的对称大龛，上面是一条高约 2 米的通长饰带，以飞天和卷草图案组成，使全窟外观成为对称宏伟的形象，是石窟雕刻中空前的创举。同时，各窟窟内布局依空间大小呈现不同的排列，各种雕刻手法组合，安排井然有序，如龛内造像用圆雕，龛楣柱等用减地平钑或浅浮雕，礼佛图用深浮雕等，利用雕刻本身产生的深浅阴影，构成作品各部分的层次及明暗对比及韵律，使里窟成为有计划、有深度的三向构图，具有浓郁的雕刻意蕴。

巩县石窟的第二次成就是龛像发展和衣纹新形式的出现。其龛像多为一佛三尊或五尊，设须弥座或叠涩座及较低的方形坛座，很少有莲座。其雕像形体，一般较前期肥短，头稍大面容也较肥，但保持了前期嘴小唇薄、沉静微笑的形态，只是人性加强而佛性减弱了。眼睛雕刻的技法有了新的方法，只将其雕成的一个突出的弧面，分不出眼睑界线，而在一定光线下，呈现出上下眼睑的感觉或双眼下视的感觉。简单却效果颇佳。巩县佛像衣纹开始脱离北魏佛像衣纹下垂张开如翅的风格，采用了新的方法，袈裟覆过盘膝而坐的双腿下垂于须弥座前方，这种下垂的衣裾长短，褶叠反覆而成的图案，千变万化，繁简不一，势如行云流水，线条运用十分娴熟，造成了丰富的韵律感。

第三，创造了大场面的群像雕刻——礼佛图。场面宏伟，方向、服饰的一致而形成了强烈的整体感，同时，借助各种饰物造成了全图的层次感，使其富有变化。

魏行“停年格”

北魏神龟二年（519）二月，吏部尚书崔亮上书临朝称制的胡太后请求推行“停年格”。当时官员编制较少，而每年待选拔的人多，原吏部尚书李韶难以推行原有的权衡成绩的办法，只好停选，许多人因此怨恨。崔亮创的“停年格”其实就是论资排辈的选官制度，不管贤愚实绩，全凭资历入选。于是那些年资虽长却久不入选者都称颂崔亮贤能。“停年格”也引起一些忠直大臣的反对。崔亮的外甥刘景安就曾致书其舅，认为古代推荐选拔人才的制度虽不能做到十全十美，但也可以罗致六七成人才；如果现在选官仅凭年资而不问才干，那么天下读书人谁还肯苦读修身求仕途呢？洛阳令薛琡也上书说，如此论资排辈，还要人权衡做什么呢？然而这些意见最终也未能阻止“停年格”的推行。其后甄琛继任吏部尚书，仍推行“停年格”，魏国选举从此失人。

郑道昭代表北魏书法

中国北魏书法家郑道昭所书《郑文公碑》，结字宽博，笔力雄强，兼有隶意，堪为北魏书法之代表。

郑道昭所书郑羲下碑

郑道昭（？ ~ 516）字僖伯，自称中岳先生，北魏荥阳（今河南开封）人。幼时好学，博览群书，好为诗赋。官至秘书郎、侍郎秘书丞、

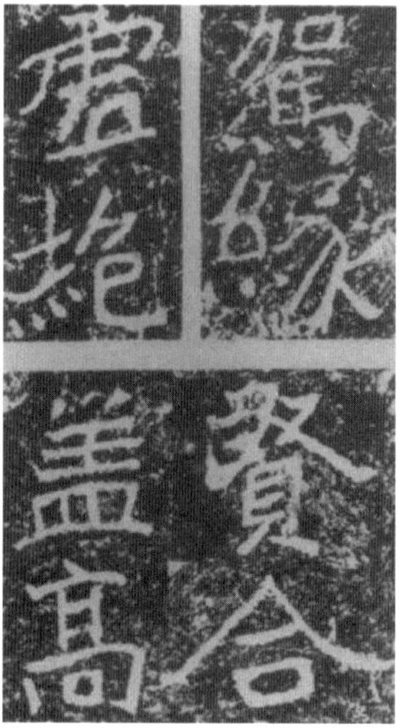
郑道昭撰论经书诗

光州刺史等。擅长书法，但不甚有名。至清代中叶，在山东云峰山等处发现许多石刻，清人包世臣、吴熙载等认为出自郑道昭之手笔，十分推崇，遂成为后人学习北魏书法的范本。

郑道昭的代表作为《郑文公碑》。郑文公即其父郑羲，字幼骥。碑刻有两处，称上碑和下碑。上碑位于山东平度县天柱山，20行，每行50字，共1000字；下碑位于山东掖县云峰山，51行，每行29字，共1479字。两碑均属摩崖刻石，同刻于永平四年（511）。下碑字迹较上碑稍大，又较明晰完好，字势锋藏有迹可寻，尤为行家所重。郑氏书法别具一格，具有运笔舒畅、方圆兼用、字字安适之特点。这是郑氏融合篆书的婉转流畅、隶书的精密宽博、草书的点画圆转等优点，长期勤学苦练而逐步形成的。郑道昭书法，除《郑文公碑》外，较著名的还有《论经书诗》，其书法瘦劲俊丽，字体雄浑深厚，颇具功力。郑道昭之子郑述祖亦为书法家，其自撰并书《重登云峰山记》，为隶书，字体方整，书法遒劲雄厚，自成一体。

郑道昭书法代表北魏书体，在中国书法艺术宝库中占有一席之地。

二元比富

北魏到神龟二年（519），一些宗室皇亲、权臣贵族府库流金，竞相夸豪斗富。其中所谓“二元比富”在历史上最为有名。

高阳王元雍，国内堪称首富。他家宫室园圃的精美华丽程度不亚于皇宫禁苑，光僮仆就有六千人，歌伎达五百人。每逢外出，仪仗、车骑塞街阻巷，归来则管弦歌声日夜不断，一顿饭动辄耗资数万。河间王元琛也广有财富，很不服气，常想和元雍比试。他买了十余匹骏马，都以白银做槽来喂养，窗户上饰以玉凤衔铃、金龙吐旆。他曾召集诸王爷宴会，席上酒器诸如水晶盅、玛瑙碗、赤玉杯等，制作精良，都是从外国输进来的奇珍；他又将自己得意的美女乐班、名贵骏马和种种珍奇宝玩陈列出来供诸王爷观赏品鉴；还把他们引入自己的府库参观，金钱、绸缎堆积如山，不可胜数。他边向人大肆炫耀财物，边回过头对章武王元融志得意满地说："不恨我不见石崇，恨石崇不见我。"元融也是一向以富贵自负，今日见了元琛这样奢华，不觉婉叹，还家后卧病三日。京兆王元继劝慰他说：你的货财算起来实际并不比他少，有什么可以惭愧羡慕的？元融听罢方转忧为喜。

木塔楼开始流行

大型楼阁式木塔出现于北朝中晚期，是中国佛教建筑中最为壮观的一种形式。

中国的佛教建筑由东汉时期开始传入的外来宗教建筑形式发展而来，佛塔是最初出现的形式。佛塔传入后，它的结构形式便与中国楼阁相结合，演变成平面方形木构楼阁式塔。

木塔的外观构思与结构技术，源于汉代流行的台榭建筑与多层楼观。东汉末期建造的"上累金盘、下为重楼"的徐州浮屠祠，就是在多层楼观的顶部，加以刹竿相轮等佛塔标志物建成的，是中国木楼阁式塔的前身。无论从材料还是施工看，用木材建造佛塔都比用砖石更加方便，所以这种建筑形式很快流行开来。当时的木塔每层都有柱身、枋额、斗盝和出檐部分，塔顶的形式与舍利塔相仿，只加高了刹竿部分以适应塔身比例。

北魏胡灵太后于熙平元年（516）在洛阳建的永宁寺塔是中国历史上最著名的木制佛塔。据称该塔高 90 丈，刹高 10 丈，离地千尺，共 9 层，距京城百里都可以遥遥望见，是一座平面方形木结构楼阁式塔。塔有四面，每面九间，三门六窗，朱漆扉扇，柱身与斗柱装饰华丽，使用了大量金属饰件。塔顶置金露盘及金宝瓶，由自塔身中伸出的刹竿所支承。

木塔楼是中国独创的佛塔形式，是南北朝时期中国塔的主流。

嵩岳寺塔建成

嵩岳寺塔

嵩岳寺塔是中国现存最古老的密檐式砖塔。关于它的建成年代史料上没有记载，学术界有建于正光元年（520）或正光四年（523）两种说法，但它属于北魏佛教建筑的结论目前尚无异议。

嵩岳寺塔位于河南省登封县城西北 6 公里的嵩山南麓。这里原是北魏宣武帝的一座离宫，孝明帝正光元年改作佛寺，名闲居寺，隋仁寿二年（602）改名嵩岳寺。嵩岳寺塔是该寺遗存下来的唯一建筑。此塔总高 37.045 米，简单的基台之上为塔身，塔身为 15 层叠涩密檐，最上为塔刹，除门龛嵌石之外，整个塔体均用青砖以素泥浆砌造，全塔采用砖壁空心筒体结构，平面为十二边形，是现存古塔中这种构形的孤例，在我国建筑史上占有重要的地位。

在塔室底层有东、西、南、北四个辟券门作为入口，门楣作尖拱状，塔壁厚 2.45 米，内室底层为正十二边形，其余均为正八边形直井式，中间用木楼板分隔为十层，中砌腰檐将其分为上下两段，上段各角砌出犄柱，柱头饰火焰宝珠和莲瓣，柱身呈多边形，下有覆盆式柱础。塔身上部各面砌有 8 座塔形佛龛，凸出塔壁，龛内各有 1 尊佛像（已毁），其内壁尚存背光彩绘，龛座正面各砌门 2 个，其内各雕不同姿态的砖狮 1 个，腰檐以下塔身为索平壁面。由砖叠涩成弧状的密檐之间的矮壁上皆砌出示意性的尖拱门和破子棂窗。上、下檐按照一定比例收分，使整个密檐的外轮廓呈现出柔和优美的抛物线形。塔内空洞状的壁面上砌有八层叠涩檐，将塔室分为 9 层，内壁南面计有 7 个与外壁相通的小门，利于通气，但采光很差。塔刹高 4.75 米，由刹座、宝装莲花大覆钵、仰莲状受花、七重相轮和宝珠组成，从建筑材料和外形特点看来，当是北魏以后重修的。内顶以叠涩砖砌出高 1.4 米的斗八藻井，1989 年整修时还发现塔室地面下有一座地宫。

北魏盛行校猎

西晋灭亡以后、匈奴、鲜卑等少数民族先后入主中原。这些原以游牧为业的民族，都长于骑射，入主中原后，他们往往通过多种途径来保持其骑射的传统。北魏校猎的兴盛就可以说明这一历史情况。

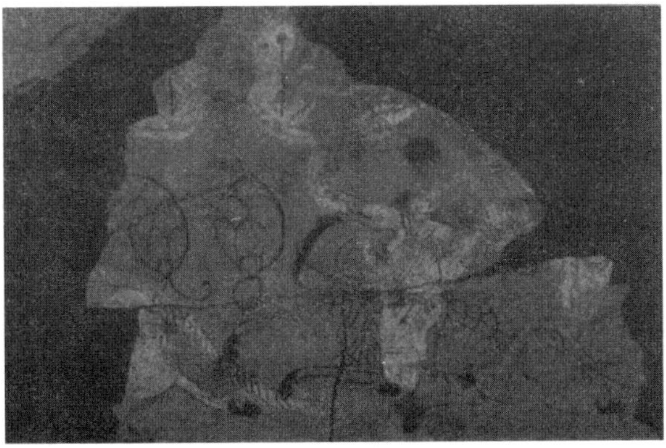

北魏漆棺彩画狩猎图

大规模校猎一直是北魏王公贵族习武的重要形式。《魏书》中有许多校猎活动的记载。除了校猎活动外，较射比赛和马射比赛也非常盛行。当时北魏王公贵族常以较射为娱乐，并给予一定奖励。据《北史·魏诸宗室》记载：孝武帝巡幸洛阳时，曾在华林园举行较射比赛，用银杯盛酒二升左右，挂在百步以外，命十余位射击选手一起射箭，射中的选手便可得到御赐银杯。这一情形还可从当时的浮雕和壁画中看到。山西大同云冈石窟有北魏太子较射浮雕。此图是石窟内东壁佛传故事浮雕中的一幅，画面左侧有三个引弓欲射的射手，右侧有三面铁鼓（箭靶），射手们“引而未发”的形态极为活动。为了推动习射活动，北魏每年还定期举办“九日马射”活动，下令京都附近太守官员都要赴京观看，并命令京都妇女也前往观看助阵，不去者按军法论罪。由此可见当时马射活动之场面和声势了。

由于朝廷重视习射，习武之风便影响到民间，使当时射艺训练更加普遍化、专门化。习射活动频繁，还使北魏射艺得到了较大的发展。当时射击训练主要有定点射和驰马射，还有“左右驰射”、“反射”以及射击运动中的物体等难度较大的技术动作。当时有许多人能掌握这些技能，如北魏傅叔伟能拉弯数百斤张力的强弓，而且能“左右弛射”。《魏书·秦明王翰传》说地干能“骑马同射五靶，时人莫及”。

柔然婆罗门叛魏

北朝团花剪纸

正光三年（522），柔然可汗婆罗门率各部背叛北魏，逃回到吠哒。北魏命令平西府长史兼尚书右丞西北道行台费穆率军讨伐，柔然见魏军势大，不战而逃。费穆对部下说，这些柔然人的习惯是看到敌人强大就马上逃走；乘着敌人兵力空虚，他们又会卷土重来，如果现在不好好惩治他们，吓破他们的胆，我们恐怕要疲于应付。于是费穆从军中选出精锐骑兵，在山谷中埋伏下来，把那些老弱病残的步兵都安排在外营。柔然看到魏军外营的士兵不堪一击，果然前来袭击。一时精骑冲出，将柔然人马冲乱，柔然兵大败。婆罗门也被凉州军捉住，押送到洛阳。

柔然婆罗门早在正光二年（521）的时候就被高车王弥俄突的弟弟伊匐打败，于是他率领十个部落向北魏投降。柔然不服从婆罗门统治的各部迎接阿那瓌回国。北魏把阿那瓌安置在怀朔镇北；把婆罗门安置在西海郡。柔然暂时分为东西二部。婆罗门在西海郡修整之后，力量壮大，背叛北魏西逃，被费穆打败擒住。

北朝民歌豪放

北朝的乐府民歌大约有 60 多首，一般指宋代郭茂倩的《乐府诗集》中所载的“梁鼓角”横吹曲。由于北方民族的气质比较粗犷豪放，因此，北朝民歌具有刚健、豪放的特点，语言质朴无华，不避俗俚，这和南朝乐府民歌的委婉轻艳迥然异趣。

北朝民歌的内容非常广泛，主要包括以下方面：其一是反映北方民族特有的气质和风俗。如《琅琊五歌》这样说：“新买五尺刀，悬著中梁柱。一日三摩娑，剧于十五女。”《折杨柳歌》是“健儿须快马，快马须健儿。跶跋黄尘下，然后别雄雌。”这两首诗表现了北方健儿好勇尚武、爱刀爱马的性格。北朝民歌中的情歌也充分地体现出北方妇女豪爽刚健的个性。如《地驱乐歌》写情人约会：“月明光光星欲堕，欲来不来早语我。”语言爽直，没有丝毫的转弯抹角。其二是反映战争以及与战争相关的内容。如《企喻歌》：“男儿可怜虫，出门怀死忧。尸表狭谷口，白骨无人收。”反映了战争的残酷和人民的厌战心理。北朝乐府民歌中还有一些怀土思乡之作，读来真切感人，如《紫骝马歌》：“高高山头树，风吹叶落去。一去数千里，何当还故处？”字里行间流露出怀乡恋土的深厚感情。有名的《敕勒歌》则描绘了北方民族的游牧生活和北国风光：“敕勒川，阴山下，风吹草低见牛羊。”勾勒出辽阔苍茫的草原景象，充分反映出北方游牧民族对自己家乡的热爱之情。

魏六镇起事

正光五年（524），沃野镇戍兵破六韩拔陵率众造反，掀起了一场轰轰烈烈的六镇人民大起义。

北魏初年建都平城，为了保卫国都不受柔然的威胁，在平城北部设置了6个军事据点，派精兵据守，号称六镇，即怀荒、怀塑、武川、沃野、柔玄、抚冥。因为六镇的特殊地位，守将一般是拓跋宗主或八族王公，兵将地位都很高。魏孝文帝迁都洛阳之后，六镇远在北边，国都地处中原，六镇已经失去了拱卫国都的重要性，那些受排挤的将领才会派到六镇来驻守。同时由于朝廷控制的放松，边镇武官大多数贪污受贿，贪婪成性。戍兵除了贫苦人民以外，就是一些重罪囚犯，他们都没有人身自由，除了老死边陲，再也没有回到中原的希望。边镇武官又对这些镇兵进行层层盘剥，不满情绪日益高涨。正光四年（523），柔然南侵，遭受饥荒的边镇军民要求守镇武官开仓分粮，以便能够吃饱打仗。镇将不开仓，兵民都很愤恨，聚众将镇将杀死。消息一传开，沃野镇的破六韩拔陵聚众造反，也将守将杀死，攻占了沃野镇。接着，高平镇也有人起义响应。破六韩拔陵军心大振，接连攻占了两个边镇，在白道大败前来镇压的官兵。六镇人民纷纷揭竿而起，一时间六镇全部被各支起义军占据。北魏朝廷无计可施，请求柔然出兵协助，到正光六年（525）才平定变乱。

金银器工艺在北方持续发展

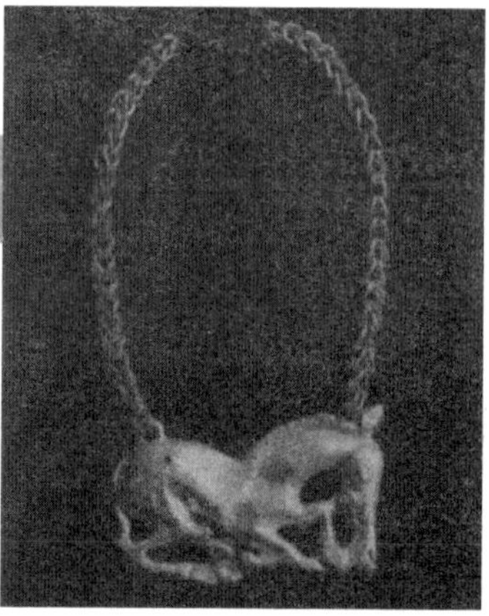

北魏金奔马

三国两晋南北朝时期，引人注目的是北方少数民族金银器工艺的发展。现已出土的许多工艺品受少数民族文化和外来文化的影响，具有浓郁的异域特色，是研究古代边地民族文明和中外文化融合的重要实物资料。内蒙古达尔罕茂明安联合旗曾发现鲜卑族金龙、牛头鹿角金饰、马头鹿角金饰等，造型极其生动，制作精美。辽宁北票西官营子北燕冯素弗墓出土了“范阳公章”龟纽金印、金冠饰、人物纹山形金饰、镂空山形金饰片、金钗、银笄等金银器，其中反映出的文化内涵，既有中原文化传统，又有当地少数民族的文化因素，还有佛教的影响，可见当时各种文化的交流融合。西晋鲜卑末力微子猗㐌部遗留下大批金银器，有兽形金饰牌、嵌宝石的金印、金指环、金耳坠等。有一块兽形金饰牌，背面镌“猗㐌金”字样，表明是猗㐌部遗物，牌上四兽分上下两层，作臂部相对状，这种风格显然出自匈奴，又与匈奴有所区别，是鲜卑族金银器工艺的代表作品。在山西大同还发现有波斯五世纪制造的鎏金银盘，反映了北魏王朝与西亚的经济往来和文化交流。

北魏金瑞兽。器为铸造而成，形为一奔走状的瑞兽，通体有椭圆形浅槽，似原有镶嵌物。此瑞兽造型奇特，具有浓郁的鲜卑族风格与特征。

魏佛徒续凿敦煌石窟

正光五年（524），北魏的佛教徒又在敦煌开凿石窟。敦煌石窟现存编号洞窟 492 个，属于北魏时代的并不多。北魏佛教徒对敦煌石窟的开凿，主要

北魏时期敦煌壁画九色鹿本生(局部)

北魏时期敦煌二五四窟尸毗王本生

起到了承上启下的作用。敦煌石窟在东晋太和元年(366)开始筑造。当时最有名的建造者是前秦和尚乐僔者。稍后，法良禅师也继续开凿石窟，雕塑佛像。经过西凉、北凉的营造，敦煌石窟已经初具规模。北魏年间，佛教徒继续在敦煌筑建石窟。北魏石窟有禅窟、中心柱窟和覆斗顶窟3种样式。窟中所造主像一般是释迦牟尼或者弥勒佛，主像的两侧通常有两个夹侍菩萨像。壁画主要是佛传、本生和因缘故事。多半是土红色做底色，使用青、绿、赭、白等色彩的颜料进行描绘。北魏时期开凿的石窟是当时人民高超绘画和雕塑技巧的历史见证。北魏以后，五代、宋、西夏、元等各朝佛教徒都在敦煌开凿石窟，最大规模的筑造则是在隋唐。敦煌石窟现存壁画四万多平方公尺，彩塑两万四千多尊，反映了我国古代绘画和雕塑技术的发展过程。

北魏时期二四八窟菩萨

诸蛮起义

孝昌元年(525)是魏国的多事之秋，军镇作乱，外族入侵，魏政权忙于应付，焦头烂额。各地臣服的少数民族乘机造反。这年十月，西荆、北荆、

梁石俑

西郢等州的少数民族纷纷起义，大的上万家，小的几千家，在部落首领的带领下，称王称侯，屯据在地形险要的地方，甚至还引着梁朝兵马前来攻打魏朝。

魏帝又气又恨，十二月下诏将要亲自征伐。当时少数民族带着梁将曹义宗等率军围住魏国荆州，魏都督崔暹统率几万魏兵前去解围。到了鲁阳地带，看到梁军势大，鲁阳少数民族又挡住要路，魏军不敢贸然前进。魏朝又派王或作征南大将军，率兵讨伐鲁阳少数民族；并命令辛雄带兵赶往叶城，斐衍等率兵一万打通三彧路，前去救援荆州。裴衍还没到达，各路起义的少数民族听得魏帝将亲自率领大军前来剿杀，料知抵挡无异于螳臂挡车，于是走为上计，纷纷四散逃避。少数民族的起义，终因势单力薄，很快被平定，但也给魏朝造成了不小的混乱。

魏莫折大提起义

正光五年（524）六月，秦州（今甘肃天水）人民在六镇起义的推动下，发动起义，杀死了残虐贪暴的秦州刺史李彦，共同推举羌族人莫折大提作为起义军的统帅。莫折大提自己封称秦王。莫折大提在秦州起义后，南秦州的人民在张长命、韩祖香的率领下杀死刺史崔游，起义响应。莫折大提一面跟南秦州的起义军联络，一面命令部下进攻高平。不久城破，起义军斩杀了守将郝连略、行台高元荣。莫折大提随即病死。他的儿子莫折念生继位，号称天子，年号天建。

北魏持弓武士俑

莫折念生派遣他的弟弟莫折天生率领起义军向陇进攻。北魏赶紧派大军镇压。莫折天生将官军打得大败而逃，又攻克泾州、歧州、凉州等地，擒杀都督元志及刺史裴芬之。这支义军在关陇的势力迅速壮大。到孝昌三年（527）正月，莫折念生攻雍州时战死，余部溃散；九月，秦州城民杜粲叛变，将莫折念生全家杀死。至此，莫折大提起义失败。

元法僧起事

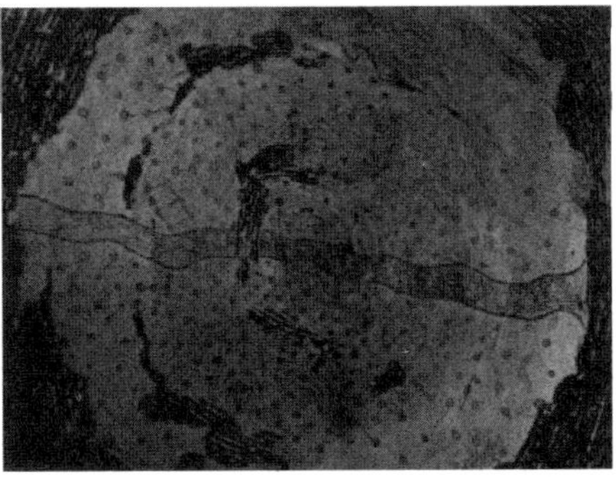

北魏墓星象图。这幅北魏江阳墓室顶部壁画，绘于北魏孝昌二年(526)。图中有星辰三百余颗，有的星辰用线联成星座，中央用淡蓝色绘出一条纵贯南北的银河，为一般星图所少见，是研究北魏时期星图的珍贵资料。

正光六年（525）正月，魏徐州刺史元法僧看到自己一贯投靠的元义骄纵跋扈，惟恐大祸殃及自己，于是起兵谋反。

魏派遣中书舍人张文伯到彭城劝元法僧投降，元法僧反而劝他也一起造反。张文伯不听，被元法僧杀害。接着元法僧又杀死行台高谅，自己称帝，建元天启。魏朝廷马上派兵前来讨伐，元法僧虽然侥幸取胜，但也损兵折将，心里开始害怕，于是派他的儿子元景仲到梁朝请求受降。梁武帝正求之不得，马上派散骑常侍朱异去会晤元法僧，同时派大军到徐州接应。三月，梁武帝的军队接管徐州后，封元法僧的儿子元景隆为衡州刺史，元景仲为广州刺史；并且解除了元法僧和他的部将元略等人的兵权，招他们到建康。到了这个时候，元法僧也没有别的办法只得老老实实听命，带领部下渡过长江，到建康接受梁武帝的监控。梁武帝任命元法僧为司空，并且加封始安郡公的爵位。

葛荣建齐

孝昌二年（526），葛荣杀死了谋杀鲜于脩礼的叛徒元洪业，继续率领起义军跟魏兵作战，向瀛州进发。魏广阳王深派兵追踪而来。接着，葛荣统率的起义军跟广阳王深、章武王元融的军队在白牛逻（今河北蠡县南）展开大战。起义军勇猛进攻，将章武王元融斩杀。葛荣随即自立为天子，国号为齐，建元广安。元渊见大势不妙，忙率军撤退，起义军乘胜追击，也将他俘获处死。

葛荣打败并俘斩北魏两个宗王之后，势不可挡，北魏连连派兵与起义军作战，都遭到挫败。葛荣的部下乘势攻克殷州、冀州。在杜洛周攻下定州后，葛荣又火并了杜洛周，进而攻取沧州。这样，葛荣吞并了杜洛周所有的部队和地盘，占据了幽州、冀州、定州、殷州等州郡，起义军发展到几十万之众。魏被葛荣搅得焦头烂额，疲于应付。在葛荣起义军的影响下，各少数民族也纷纷占据险要地形，与朝廷对抗。一时间魏政权摇摇欲坠。

肖宝寅叛魏

孝昌三年（527），雍州刺史肖宝寅盘距关中（今陕西中部，渭水流域），打算谋反。当为官清正的郦道元被派作关右大使时，肖宝寅疑心是朝廷派来对付自己的，便派人将郦道元杀死在驿站。他假惺惺地收葬郦道元的尸体，上表说是鲜卑人干的，同时还在朝廷给自己辩解，说杨昱父子诬陷他。

当时的雍州行台苏湛卧病在家，肖宝寅派人去说服他跟自己一起造反。苏湛听说后放声大哭，说自己全家上百口人将要被屠杀干净，还托来人转告肖宝寅，劝他不要造反。肖宝寅一直很器重苏湛，也知道苏湛一定不会为己所用，就让他带着家人返回原籍了。

十月二十五日，肖宝寅占据长安，自称齐帝，设置文武百官，改元隆绪。都督长史毛遐跟他的弟弟毛鸿宾率领氐族、羌族兵马前来镇压。肖宝寅命大将军卢祖迁迎战，卢祖迁兵败被毛遐所杀。肖宝寅得到消息后十分害怕。他封姜俭作尚书左丞，当作自己的心腹。丹阳王肖赞听说肖宝寅造反，怕牵连到自己身上，连忙向白马山方向奔逃，到河桥时被魏兵抓获。魏帝知道他没有参加谋反，把他释放了，还安慰了他一番。魏朝又派尚书仆射长孙稚前来讨伐肖宝寅。这时，正逢发生了薛凤贤领导的起义，河东则有薛修义起义，东西联结响应肖宝寅。后来，肖宝寅在孝昌四年（528）兵败，投奔万俟丑奴。永安三年（530），魏军讨伐万俟丑奴，荡平关陇，万俟丑奴和肖宝寅被魏军俘获后囚送洛阳处死。

尔朱荣发动河阴之变溺杀魏帝、太后

云冈石窟北魏时期第十三窟南壁立佛

武泰元年（528）初，垂帘亲政的胡太后和孝明帝的矛盾越来越激化，她宠爱佞臣郑俨、徐纥，又惟恐孝明帝得知，凡是元诩亲信的人，她都想办法把他们调走或是杀死。孝明帝秘召守边的契胡族领民酋长尔朱荣带兵前来，以便威胁胡太后。胡太后得到尔朱荣率军前来的消息，十分恐慌。郑俨、徐纥两人献计，用鸩酒将孝明帝毒死。接着，潘嫔生下一个女孩，胡太后谎称生了个男孩，立潘嫔的女儿作皇帝，接着大赦天下。不久，又下诏立3岁的故临洮王世子元钊作皇帝，妄想长久专政。

南下的尔朱荣得知元钊即位，大怒，乘机率军渡过黄河，杀奔洛阳。至河内（今河南沁阳）时，尔朱荣拥立长乐王子攸为帝；即魏孝庄帝。尔朱荣的军队因为子攸的朋友郑季明大开城门，没有经过交战就开进洛阳。徐纥假传圣旨，骗开城门，骑着偷来的御马向兖州方向逃跑，而郑俨也逃回乡里。胡太后见大势已去，召集后宫妃嫔，命令她们都出家作尼姑，她自己也削发为尼。尔朱荣哪里还能容得下她！四月十四日，尔朱荣派人将胡太后和3岁的小皇帝元钊送到河阴（今河南孟津东），推进黄河，沉水而死。

尔朱荣还没有进入洛阳之前，费穆就曾对他说：主公的兵马不到1万人，现在长驱直入向洛阳逼近，没有战胜的威望，可能朝中大臣会不服。如果不诛杀立威，培植亲信，等主公回北方时，还没有过太行山，恐怕就会起内乱啊！尔朱荣认为他说得有理。后来定下计谋，叫孝庄帝沿黄河到达陶渚（今河南孟津西南），告诉文武百官说是祭天，要他们都来皇帝行宫。百官到达，尔朱荣的军队列阵将他们团团围住，尔朱荣痛骂文武百官贪污暴虐，不能辅佐朝政。然后纵兵虐杀，从丞相元雍以下，两千多名官员全部被杀害。尔朱荣又下令士兵大喊："元氏既灭，尔朱氏兴。"

尔朱荣大肆杀戮之后，孝庄帝子攸害怕大祸降临，又无计可施，便派人告诉尔朱荣，要把帝位让给尔朱荣。当时都督高欢也劝尔朱荣称帝，尔朱荣的部下赞同的很多，尔朱荣自己却犹豫不决。后来叫参军刘灵助占卜，刘灵助说只有长乐王子攸才有做皇帝的命。尔朱荣很信卜筮神卦，打消了称帝的念头。

尔朱荣击败葛荣

建义元年（528）二月，葛荣吞并了杜洛周之后，兵多将广，号称百万，一直向洛阳冲杀过来。六月，北魏急派尔朱荣等统领各军，进行防御。

九月，尔朱荣亲率七万精锐骑兵，在滏口（今河北磁县西北石鼓山）迎战葛荣。葛荣起义后东征西战，纵横河北，所向披靡，自然滋长了骄傲情绪，又看到尔朱荣人马不多，更不把他放在眼里，对部下说只要准备好绳子绑人就行。尔朱荣把骑兵埋伏在山谷中，又派出三支一百人左右的骑兵，就地跑马呐喊，虚张声势，使葛荣军不知道到底来了多少兵马。尔朱荣又命令部下逼近葛荣军作战，每个人发一根木棒，挂在马侧，作战时只用木棒击敌就行，不计斩了多少人头。这样做的目的在于使骑兵行动更加迅速，一下子就击垮敌人斗志。尔朱荣冲锋陷阵，绕到葛荣后面冲杀，骑兵勇猛剽悍，前后夹攻。起义军抵挡不住，四散溃逃，葛荣也来不及逃跑，被尔朱荣活捉，其他的人看到主帅被擒纷纷投降。尔朱荣恩威并施，下令让投降的士兵自由散去。败逃的起义军纷纷投降，几十万人马眨眼间散了个一干二净，尔朱荣将葛荣押送到洛阳，很快就将他示众斩杀。

元颢身败名裂

魏北海王元颢，在尔朱荣杀死胡太后、立孝庄帝的时候，向梁武帝肖衍投降。永安二年（529）四月，元颢乘尔朱荣北征的机会，在梁将陈庆之的协助下，进攻北魏。元颢的军队攻陷堂城，又进击梁郡，梁郡守将丘大千战败投降。元颢进城登坛祭天，

北魏武士俑。大同市石家寨村北魏司马金龙墓出土的一百二十二件武士俑，均戴尖锥形盔帽，穿圆领窄袖长衣，有的外罩铠甲。彩绘五官、面部。形体敦厚，无动态，仅靠身体各部之微妙变化传情。从出土位置看，大都位于甬道口和前室内，似为墓主人的警卫。

又在睢阳（今河南商丘南）城南即帝位，改元孝基。

梁将陈庆之骁勇善战，他率军打败了魏屯驻考城的两万御林军，攻破城池，擒获魏济阴王晖业。接着，陈庆之打退了进攻虎牢的魏兵，又改克大梁（今河南开封市）、梁郡等城池，不久进入洛阳。

元颢进入洛阳后，改元建武，大赦天下。黄河以南许多州郡纷纷归附。元颢占据魏皇宫，发号施令，四方听命，于是自以为是真命天子，骄纵懒怠起来。以前的宾客，都受到恩宠，日夜饮酒作乐，以致干扰政事；那些梁兵横行霸道，为所欲为，这些都使元颢失去民心。北逃的魏孝庄帝问起洛阳的情况，刚从洛阳逃来跟随孝庄帝的商子儒回答说，元颢民心丧尽，败在旦夕，不足为虑。

尔朱荣平定北方后，率军南下对付元颢。六月，两军在隔河南北对峙，展开了拉锯战。首先元颢派猛将陈庆之出战，杀伤大批魏兵。后来，尔朱荣采纳黄门郎杨侃的建议，用木筏夜间渡河，冲破元颢防线，将元颢的军队打得七零八乱、溃不成军。元颢兵败，率领部下几百骑南逃，陈庆之也收兵撤退。尔朱荣一路追来，恰逢颍水上涨，陈庆之的部队无法渡河，加上追兵杀来，一下子死的死，逃的逃，全部损失殆尽。陈庆之剃了个光头，扮成和尚抄小路回到建康，梁武帝肖衍因为他功劳很大，封了他永兴县侯。而元颢逃到临颍时，随从全部散尽，元颢成了真正的孤家寡人，被临颍县卒江丰斩首。接着，元颢的首级被送到洛阳，在街市示众。

矟艺兴起

矟，又称槊，是一种长矛类兵器。《释名·释兵》说：“矛长丈八尺曰矟，马上所持，言其矟，矟便杀也。”

北魏陶狗 衔一小狗。形体准确，形态逼真，富于幽默感。

汉代军中常见的格斗武器有戟和矛，而以戟技最为流行。到了魏晋时期，特别是在西晋以后，随着北方少数民族入主中原，长兵器戟的使用日益衰退，而矟逐渐成为主要的长兵格斗武器了。这是因为：少数民族传统兵种是强悍的骑兵，其骑兵传统的格斗兵器是矟。尤其北朝统治民族主要是鲜卑族，鲜卑士兵多用矟。而且矟因为身长体阔，两面有刃，穿透力、杀伤力很强，可以穿透或砍断人披的两当铠或明光铠，以及马披的具装铠，能够对付当时出现的甲骑具装的重装骑兵。此外矟的锻制工艺简单，可以大量生产，更适合于战争发展的需要。正因为这些原因，当时南北双方不仅骑兵用，步兵也用矟。

南北朝之间战争不断，促进了矟艺的普遍发展。北魏将领始终视矟为长技。《魏书・于栗磾矟传》说栗磾“好持黑矟以目标”，被称为“黑矟将军”。陈留王虔，武力绝伦，他使用的矟缀以铃铛，以增加矟力，每临阵打仗，“以矟刺人，遂贯而高举”（见《魏书・昭成子孙列传》），至于能“用矟左右横击”的将领更是不胜枚举。

长矟的主要用法是“左右击刺”。矟艺经过魏晋时期的积累，已经成熟，动作既丰富又繁杂。到梁时，梁简文帝在总结记录当时矟艺之时，不得不“援（缓）操抑扬，斟酌烦简”，才写下传世的《马槊谱》。

矟艺的兴起，奠定了我国武术中的长兵技术以矛为主的趋势，并使之得到了迅速的发展。

妇女发式日趋丰富

发式的变化，因时而异，反映着不同时代审美观的变化。魏晋以后，妇女的发式日趋丰富，而且逐渐向高大方向发展。据史籍记载，魏晋妇女发髻式样竟达十几种，比较著名的就有灵蛇髻，分髾髻，反绾髻，缬子髻，飞天髻等。

据《采兰杂志》记载，魏文帝皇后甄氏创造出灵蛇髻发式，运用拧麻花的

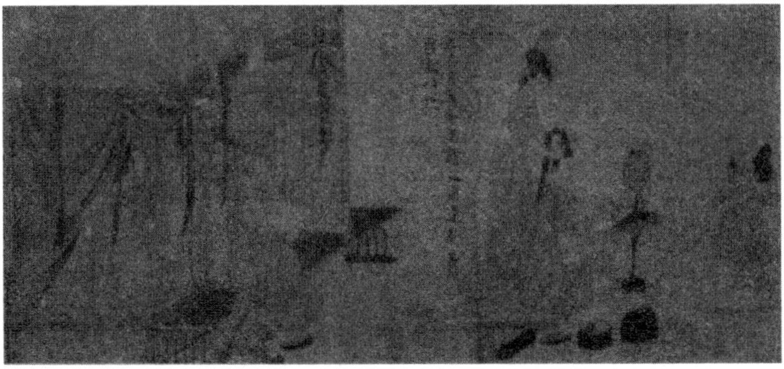

东晋顾恺之《女史箴图卷》唐摹本。图中妇女发式极有特色。

图装饰形式，富有变化多端的动态美，似游蛇蟠曲扭转，以灵蛇命名。这种发式深受当时妇女的青睐。反绾髻、分髾髻的共同特点是将头发向后梳理，前者是将后梳的头发用一丝带束住；后者类似于汉代的倭堕髻，是将后梳的头发分成若干股，再用丝带束结垂于后面。这两种发式都是魏武帝时期宫中贵族妇女喜爱的发饰。飞天髻的式样在河南邓县南北朝墓出土的飞天壁画及“贵妇出游”画像砖上就可以看到，是在灵蛇髻基础上演变而成的，这种发式是将发集于头顶，分成数股，然后弯成圆环，直耸于上，颇有气势。这种高髻不但夸张了发饰美，而且夸张了人体的比例。加上花钿、簪、钗、镊子等金、银、珠玉饰件，再插上纤步则摇的步摇与馨香的花朵，便更加锦上添花，显得婀娜多姿了。

因发式时尚高、大，自然发较难达到这种要求，人们就借助于假发。《晋中兴书》说：“太元中，妇女缓鬓假髻，以为盛饰”。这种假发并不常戴，平时装在木笼里，亦名“假头”。贫家不能自号“无头”，急用时就向人“借头”。西安草厂坡出土的北魏俑就是戴的假髻。

魏晋时北朝笃信佛教，传说佛发作螺形，因此社会上流行“螺髻”；另外，一些妇女从鎏金的佛像上受到启发，也将自己的额头涂染成黄色，这种额黄妆很有特色，北周庾信诗中有“眉心浓黛直点，额色轻黄细安”就是指这种妆。也有用黄色纸片或其他薄片剪成花样粘贴于额，则称花黄，如古乐府《木兰诗》云：“当窗理云鬓，对镜贴花黄”，贴花黄是北朝妇女梳“螺髻”之外的时髦装饰。

魏晋南北朝妇女发式虽多种多样，但都基本属同一种风格：高、大，“危邪之状如飞鸟”，和当时重形式、尚夸饰、不受礼俗所拘、放荡不羁的时代风气是相适应的。其时一些名士表示不受世俗礼教约束，多梳传统中孩童的“双丫髻”。

郦道元撰成《水经注》

孝昌三年（527）十月，《水经注》的作者郦道元被肖宝寅杀死，终年61岁。

《水经》是中国第一部记述全国河道水系的著作。旧说为三国桑钦所撰。《水经》记述河流137条，并附《禹贡山川泽地所在》凡60条，内容极为简略。原书失佚。北魏郦道元为《水经》作注，并且加以补充，撰成《水经注》。《水经》借《水经注》流传后世。

郦道元《469？~527），字善长，北魏范阳涿县（今河北涿县）人。历仕宣武帝、孝明帝两朝，先后任冀州刺史于劲镇东将军府长史、鲁阳太守、东荆州刺史、河南尹等，后任御史中尉。其好学博闻，广览奇书，足迹所至“访渎搜渠，缉而缀之”，考察河道变迁和城市兴废等地理状况。

《水经注》原四十卷，北宋时已部分亡佚，后人割裂凑成四十卷。《水经注》以《水经》为纲，为《水经》作注。但引述支流扩充到1252条，实际现存本多达5000多条。其注文共约30万字，为原书的20倍。书中所征引的著作多达437种，并收录了不少汉魏时期的碑刻，有很高的史料价值。

《水经注》以河道为纲，所记每条河道均穷源究委，并连带叙述流经区域的山陵、湖泊、郡县、城池、关塞、名胜、亭障，以及土壤、植被、气候、水文和物产、农田水利设施的情况，还记载了社会经济、民俗风气和有关的历史故事、人物、神话、歌谣、谚语等。虽然郦道元为北朝人，对南方水系的记载不免有错误，但《水经注》作为中国古代最全面而

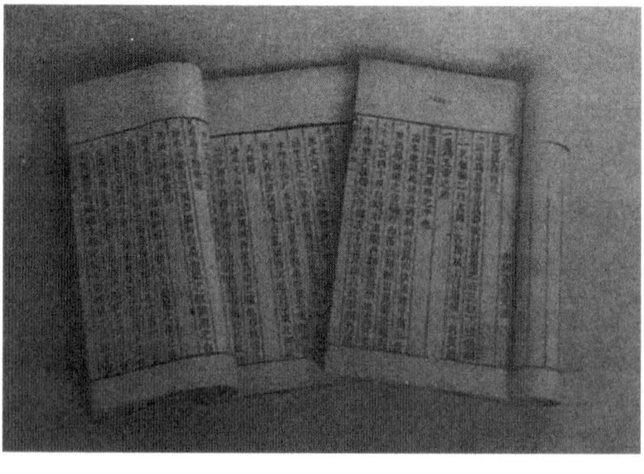

《水经注》。古代地理名著，北魏郦道元编撰，四十卷。书中记载大小水道一千二百五十二条，一一穷源竟尾，并叙述了所经地区的地理概貌、建置沿革、历史事件甚至神话传说。

系统的综合性地理巨著，对中国地理学的发展有重大贡献，在中国以至世界地理学史上都占有重要地位。而且《水经注》文笔绚丽，具有较高文学价值。

后人对《水经注》的研究，以明朱谋垏《水经注笺》和清全祖望《七校水经注》、赵一清《水经注释》、戴震《水经注武英殿聚珍本》、王先谦《合校水经注》及近人杨守敬、熊会贞《水经注疏》最为著名，其中尤以《水经注疏》为最完备。

云冈石窟北魏时期第十八窟东壁弟子像局部

魏帝诛杀尔朱荣引起内乱

永安三年（530），权臣尔朱荣虽然远居外藩，但在魏朝廷布置了大批党羽，因而能够遥控朝政。魏孝庄帝受到尔朱荣的限制，但仍然勤于政事，忧劳治国，尔朱荣得知后怕危及自己的地位，很不高兴。孝庄帝一方面受尔朱荣限制，一方面在宫内又被尔朱荣的女儿尔朱皇后监视，也总是闷闷不乐。

永安三年八月，城阳王元徽、临淮王彧每天都向孝庄帝说尔朱荣图谋不轨，劝孝庄帝将他剪除。孝庄帝早就因为尔朱荣发动河阴之变，杀了元氏三千多人，想诛杀尔朱荣，只因尔朱荣势力强大，一时拿他没办法，还得为保全自己而设法讨好尔朱荣。孝庄帝处心积虑，慢慢地在朝中培植了自己的亲信。城阳王、临淮王不提则已，一提，孝庄帝便动了杀机，于是和自己的亲信侍中杨侃等人密谋策划诛杀尔朱荣。当时尔朱荣的堂弟尔朱世隆怀疑孝庄帝将对尔朱荣不利，匿名写了一张条贴在自己的府门上，然后揭下呈送尔朱荣。条上写道：“天子与杨侃、高道穆密谋，欲杀天柱。”当时尔朱荣的官职是天柱大将军。尔朱荣自恃势力强大，不以为然，将匿名条撕毁，骂道：“谁敢生杀我之心！”

九月二十五日，孝庄帝在明光殿的东面埋伏刀斧手，谎称皇子出生，将尔朱荣、上党王天穆骗进宫来，刀斧手出来将他们乱刀砍死。跟尔朱荣一起进宫来的尔朱菩提等三十多人也全部被伏兵杀死。孝庄帝除了心头之患，喜不自禁，下诏大赦天下。文武百官也都入朝庆贺。

尔朱世隆和尔朱荣的侄儿尔朱兆起兵反叛，孝庄帝派兵抵抗，遭到挫败。尔朱兆率兵进军洛阳。十月，尔朱世隆等人立长广王元晔为帝，改元建明。十二月，尔朱兆入洛阳，俘虏了孝庄帝，后来将孝庄帝绞杀在晋阳（今山西太原南）三级佛寺后。

裤褶流行

南朝仪仗画像砖上画有裤褶

魏晋南北朝时期的服饰与当时的政治与社会风尚有密切的关系。在当时玄学清谈之风的影响下，形成了文人的魏晋风度，这种风度在服饰上的反映就是文人多穿大袖宽衫，服装式样较为简朴；受这种风气的影响，魏晋时期的贵族妇女也崇尚褒衣博带，广袖翩翩。但是，北朝由于受胡服的影响，一般妇女喜穿窄袖紧身的衫襦，服装式样是“上俭下丰”。两种风气互相影响和交融，形成了裤褶流行之风。

裤褶是胡服的一种，汉代就开始传入中原。到东汉末年，裤子已由紧窄的长裤变成两只裤管做得十分肥大的“大口裤”，在上流社会流行。到南北朝时，和大口裤配套穿在一起的上衣，俗称“褶”，两者一起就叫“裤褶”。

麦积山石窟一二七窟西壁北魏时期《西方净土变》壁画。绘制在该窟西壁上部的巨幅《西方净土变》，是我国现存最早、最大、也是最完备的一幅“净土变”。

裤褶最初为军旅之服，不论官兵，都可穿着。《晋书·舆服志》中载：“袴褶之制，未详所起，近世凡车驾亲戎，中外戒严服之。”魏晋南北朝之后，裤褶服开始广泛流传于南、北方汉族官宦庶民中，连妇女也喜穿此服。如《太平御览》卷695引《西河记》："西河无蚕桑，妇女以外国异色锦为袴褶。"

在一般裤褶的基础上，官员们的朝服将裤口放大，将褶的袖口加宽，朝当时流行的广袖宽衫靠拢。北朝为了方便，还将右衽改为左衽。由于裤管过于宽松博大，给骑马行走带来不便，因此人们又以锦缎丝带截为三尺一段，在裤管的膝盖处紧紧系缚，以免松散，叫做"缚袴"。凡穿裤褶的人，一般都喜欢在腰间束皮带，有钱的便镂金银镶珠玉为装饰。

穿裤褶服时，一般要穿裲裆。裲裆也被叫作"两当"，类似于今的马甲、坎肩、背心的一种服式。这种服式由前后两片组成，肩上两旁用带连结，长至臀以下，腰用大带或革带扎紧，《释名·释衣服》载："裲裆，其一当胸，其一当背也。"裲裆一般有单、夹、绵之别。不同阶层的人所穿裲裆的质地材料不同，士大夫多用罗绢及织绵等，庶民用布葛制作。而武士的袖珍裲裆多用皮革或铁片做成，称"裲裆铠"或"两当甲"。北朝时期的士庶男子还流行在裤褶外加套衣风帽。上穿短衣，下著宽裤，头戴风帽，外加套衣，套衣就是披风，整体效果颇为潇洒大方，对防寒、抵挡风沙也有一定作用。

总体说来，裤褶的特点是宽松、方便又有一定的束缚，不致于显得松垮和拖沓，穿上使人体显得修长、飘逸、颇有着"杂裾垂髾"之风，而且男女通用，故得以广泛流行，也在一定程度上反映了当时的审美趋向。

北朝陶瓷器后来居上

北齐陶女俑。两俑的彩绘均剥落，露出淡赭色陶胎。

我国北方黄河流域地区，在三国两晋时期，陶瓷手工业极为衰落。到拓跋珪统一北方建立北魏政权后，制瓷业才逐渐兴起，在不断摸索创新的过程中又吸收了南方制瓷经验，烧造出自成一格的北方陶瓷，突破了南方专美的局面。除了烧造出青瓷外，还创制了白瓷，发展了铅釉陶瓷，成为振兴北方瓷业的转折点。

北方青瓷大约发明于北魏时期，北齐前后，青瓷的烧制就比较普遍了。北齐时期的

绿彩长颈瓶

淄博寨里窑是北方今见的唯一早期青瓷窑址，所烧器物有碗、盘、缸等，都是轮制而成，修态不够精细，釉层厚薄不均，釉色青黄不一，胎釉结合较差，有的器物烧好后四面留有很不雅致的痕迹，这些都表现了早期北方青瓷的原始性。到北齐天统年间，青瓷技术便有所提高，烧制出的青釉四系罐，直口、斜肩、圆腹，肩腹交界处棱角分明，有一道凸起的粗弦纹，腹下部饰有手捏的陶纹，轮廓由直线构成，粗壮挺拔，反映了北方的朴实风格。北方青瓷中也有一些仰覆莲花尊，制作十分精美，装饰繁缛瑰丽，集中运用堆塑、贴花、刻画等手法，其变化之丰富，形制之壮观，在北朝陶瓷中无与伦比。北朝的青瓷画纹六系罐很有特点，胎质坚实，挂半釉，釉青而透明，造型浑厚稳重，肩腹之间凸起两周粗弦纹，画有圆圈、三角、树木、鸭子等纹饰，单纯朴拙，颇似儿童画法，别有趣味。

北朝白瓷的烧成，是陶瓷史上一件大事。白瓷和青瓷的主要区别是原料中含铁量多少不一，若克服了烧制中铁和夹杂元素对胎、釉呈色的干扰，便可烧出白瓷，故可认为白瓷是从青瓷中脱胎而来的，是我国古代陶瓷技术的又一重要成就，为后世各种彩瓷的出现奠定了基础，也为瓷器的应用开拓了更广阔的道路。最早的白瓷应于北齐出现，安阳范粹墓中就出土了七件白瓷制品，胎体细白，釉呈乳白色，釉层薄而润，表明北朝晚期控制胎釉的能力。其中一件白釉绿彩长颈瓶，开创了白瓷挂彩的新技艺，瓶的一侧自肩至底挂上翠绿的色彩，

北齐带釉螭柄鸡首陶壶。为罕见的釉陶器，显示了当时北方制陶业的高超水平。

光艳夺目。这种绿彩是以氧化铜为着色剂，因为铜金属流动性大，烧制时会自然流淌而呈现难以意料的效果。北齐李云墓中也有釉中挂彩的四系莲瓣缸，可见北朝陶瓷工艺已由单色釉逐渐向彩色釉过渡，色彩斑斓的唐三彩正是从这种工艺中脱胎出来的新品种。

北齐青瓷划纹六击罐。此器造型大方，施釉均匀典雅，是北朝瓷器中的精品。

低温铅釉陶器在北朝也获得复兴。北魏的铅釉陶器，釉色和造型都很精美。酱黑釉陶马形神兼备，骄骏不凡，有很高的写实技巧。黄釉四系瓶，是吸收南朝流行的鸡头龙柄壶的造型加以变化，将龙柄改为兽柄，很有新意。黄釉贴花莲瓣纹尊器身略似梨形，高颈有盖，尊上堆贴三层莲瓣凸饰和圆形图案，错综排列，精巧别致，釉色淡黄明亮，是一件难得的珍品。另外，安阳范粹墓中的黄釉瓷壶，由模制成型，壶身两面模印乐舞胡人纹饰，人物胡服高鼻，丝管合奏，表演着域外情调的龟兹乐舞。

北齐黄釉瓷壶。五人均深目高鼻，身穿窄袖长衫，脚着深靴，属于当时西域人的形象。中央一人翩翩起舞，其余四人各持乐器作伴奏状，形象极为生动，反映了当时我国中原地区和西域少数民族文化大融合的历史背景。

久已衰落的陶塑艺术在北朝得到迅速发展，大大超过南朝，可能与当时建造石窑、盛行佛教造像、雕塑技巧普遍提高有密切关系。除生活用品外，还有各种各样的陶俑，有文吏俑、武士俑、男女侍俑、伎乐俑和仪仗俑等。尤其是铠甲俑和骑俑最有特点，铠甲俑挺胸屹立，雄武威猛，骑俑造型健美，栩栩如生，表现出武士刚强骠悍的性格。女俑或曲眉丰颊、仪态端庄，或瘦骨清秀，亭亭玉立，具有北朝塑造的艺术风格。北朝陶瓷在极度衰落的情况下发展起来，速度之快，成就之高，非常值得重视。一方面接受南方汉族文化的影响，在造型和装饰方面与南朝瓷器有共同特点；另一方面在艺术风格和衣冠服饰方面又发挥了浓厚的北方民族本色，反映了南北文化交流的趋势，显示了民族大融合的伟大业绩。

崔鸿撰成《十六国春秋》

约神龙三年（520），北魏崔鸿撰成《十六国春秋》。

崔鸿字彦鸾，今山东平原人。鸿仕北魏，历事孝文帝元宏、元恪（宣武帝）、元诩（孝明帝）3朝，官至黄门侍郎，加散骑常侍，多次参与议定律令，撰起居注，修辑国史。

崔鸿少好读书，博综经史。由于家庭和个人的经历，他很早就对前赵、后赵、前燕、前秦、后燕、后秦、南燕、夏、前凉、蜀、后凉、西秦、南凉、西凉、北凉、北燕这16国的历史感兴趣，并一直留心收集各国的旧史及有关资料，进行排比研究。北魏景明元年（500）开始撰写，费时20多年，完成了一部史书。这部史书就是《十六国春秋》。

《十六国春秋》为传记体，正文100卷，序例1卷，年表1卷，共102卷。爬梳既勤，资料丰富自不待言。汇十六国史为一部传记体史书，体裁亦十分新颖。遗憾之处是，作者的祖辈曾仕南朝，为避嫌，未用刘宋、肖齐之书。本书流传后，颇受人们重视。唐修《晋书》，所附十四国《载记》（前凉、西凉另列），基本维持本书的体裁，资料几乎全部出自本书。本书至赵宋已残缺不全，传世之书，大体为后人辑录本。

行台制实行

魏晋南北朝时期的北方普遍实行行台制。行台也叫行尚书台，曹魏、西晋时，是皇帝外出或尚书省长官出征、坐镇过程中，随军临时设置的代表中央政府的地方军事指挥机构。

十六国时期的北朝各国，为了战争的需要，尚书省往往直接派出行台常驻某地作为该地区最高军事机构。北魏时，行台又往往为皇帝直接派出的特使，下置僚属，指挥军事，出使他国，不管地方行政。北魏孝明帝、庄帝时，出任行台者多兼任当地州的刺史或都督。北齐时，行台开始管理地方民政，成为凌驾于州郡之上名副其实的最高一级地方行政和军事机构。

行台初置时，多以尚书丞、郎充任行台长官，虽然高于州郡、都督之上，但相对于中央政府仍不过是一个中介机关。北朝时，充任行台的长官则为尚书令、仆等职。到任后，行台往往参照中央台省设置僚属，成为真正的地方尚书台。由于尚书台在国家政权中拥有很大权力，长期驻外的结果就形成拥兵自重、割据一方的地方势力。北魏末年尔朱荣叔侄及高欢父子各立大行台，竟由遥控朝政进而取而代之。当高欢的大行台控制山东河北地区、宇文泰的大行台控制关中地区时，就造成了东魏、西魏的分立和齐、周对峙的政局大变动。北齐河南道大行台侯景拥兵叛乱投降南朝，梁武帝肖衍同样任命他为河南行台，备置文武，结果酿成南朝最为严重的“侯景之乱”。

高欢起兵废立·控制北魏朝政

普泰元年（531），尔朱世隆等废长广王元晔，立广陵王元恭为帝，即节闵帝，改元普泰。魏镇远将军崔祖螭等聚青州七郡之众，围攻东阳；接着，幽、安、营、并四州行台刘灵助起兵，自称燕王；未几，魏前河内太守封隆之等盘踞信都，归附高欢，悍然发难。

雄据晋州（山西临汾东北）险要的高欢见时机已经成熟，于普泰元年六月在信都起兵，讨伐尔朱氏。高欢是北魏初年右将军高湖的曾孙。高欢自幼长育于鲜卑人之中，后娶妻亦为鲜卑女子；并且他自呼其名为贺六浑，这也是鲜卑名。故一般说高欢家族是鲜卑化的汉姓。高欢年轻时做过函使，即信差。

西魏时期敦煌二八五窟南壁壁画。南壁以横卷式为基本结构单元。壁面上沿垂帐纹下画伎乐飞天一列，共十二身。飞天以下为横幅《五百强盗成佛》故事画，其西端为《释迦多宝并坐》。下部四个禅室，均以花鸟、忍冬、火焰纹为龛楣装饰；龛楣之间穿插因缘故事画《沙弥守戒自杀缘品》和本生故事画《施身闻偈》。最下为药叉装饰带。

高欢也曾参加过破六韩拔陵、杜洛周、葛荣等的起义。从杜洛周义军中逃奔葛荣，又从葛荣军中逃奔尔朱荣，取得尔朱荣的信任，担任其亲信都督，升任晋州刺史。

高欢在信都起兵后，一方面与地方势力高乾、封隆之串连，一方面又采取种种手段笼络民心。他诈言尔朱兆将以六镇降户配给契胡为其部属，激怒六镇降户。同时，他又伪造并州兵符，征兵万人讨伐步落稽胡，并暗中密嘱部下拖延出征日期。出征之日，高欢亲自送六镇降卒及所征新兵到郊外，洒泪握别，于是“众皆号恸，声震原野”。高欢告谕士卒：现在从信都开赴并、汾两州征战是死，误了军期又当死，配契胡也是死，大家认为该怎么办呢？众人道：只有反了！高欢就是这样以六镇降户为基础，并联络汉人大族，起兵攻打契胡尔朱氏的。

高欢起兵以后，士气很盛，一路攻城略地，捷报频传。普泰元年十月初六，高欢听从孙腾之计，仿曹操“挟天子以令诸侯”，于信都立渤海太守、安定王元朗为帝，即位于信都城西，改元中兴，高欢自任丞相。中兴二年（532）正月，高欢攻占了邺城。尔朱氏赶快集中了兵力二十万，尔朱兆、尔朱天光、尔朱度律、尔朱仲远同会于邺，与高欢决战于韩陵（今河南安阳市东北）。当时高欢战马不足两千，步兵不满三万，众寡悬殊。高欢于是破釜沉舟，布下圆阵，将牛驴牲口系在一处以堵塞归路，使将士有必死之志。死士之志，足以一当十。尔朱氏大败。韩陵一战，尔朱氏元气大伤，高欢则为其霸业奠定了坚实的根基。

高欢击败尔朱氏大军，在当年四月基本控制了全局，进入洛阳后，高欢废元朗，又将节闵帝元恭幽囚于崇训佛寺，拥立平阳王元脩即位，改元太昌。魏孝武帝元脩即位后，立封高欢为大丞相、天柱大将军、太师，世袭定州刺史；又任命高欢之子高澄为侍中，开府仪同三司。高欢于是在晋阳险要之地建大丞相府，遥控北魏朝政。十二月，魏改元永兴；不久，又改元永熙。

西魏立兽

魏分裂两魏各据东西

东魏造像碑

北魏永熙三年（534），孝武帝元脩因不满高欢挟制，西奔长安，投依宇文泰。高欢大怒，于十月十七日另立11岁的清河王世子元善见为帝，即东魏孝静帝，改永熙三年为天平元年，迁都于邺。在此之前，北魏经过大动乱，逐渐形成两大军事集团：一是以晋阳为根据地的高欢集团；一是以长安为根据地的宇文泰集团。元脩在洛阳，对事事均受高欢牵制极为不满。永熙二年（533）三月，元脩借故杀死高欢派到洛阳监视自己的亲信高乾。从此，元脩与高欢的矛盾公开化。永熙三年（534）五月，元脩下诏戒严，调动河南等州的军队，声言将亲率大军伐梁，实际上是企图袭击晋阳。高欢老奸巨猾，早已知情，于是先发制人，也以伐梁为名，调20万大军分道南下，直逼洛阳。元脩急忙向宇文泰求救。宇文泰当即派1000轻骑星夜飞奔洛阳，又派亲信出关候接。八月，元脩在宇文泰派来甲骑的护送下，直达长安。宇文泰备仪仗迎接，将士高呼万岁。元脩进入长安，马上大赦天下，封宇文泰为大将军，雍州刺史，兼尚书令。军国大政，尽由宇文泰裁夺。高欢进入洛阳后，得知元脩早已西奔，不由得恼羞成怒，将兼尚书左仆射辛雄、开府仪同三司叱列延庆、兼吏部尚书崔孝芬、都官尚书刘廞等一干重臣，尽行捕杀，以杀立威，力图在洛阳站稳脚跟。同时又将亲信清河王元亶立为大司马，主持政事。一方面又派人急率兵出城追击元脩，一直打到潼关，进驻华阴。元脩有宇文泰撑腰，执意不回洛阳；同年闰十二月，宇文泰毒杀魏孝武帝元脩。次年（535）正月，宇文泰立南阳王元宝炬为帝，即西魏文帝，改元大统。自此，北魏遂告分裂。东魏政权在高欢集团把持之下，西魏政权由宇文泰集团控制。

北朝女官俑。直立状女官俑计四十五件，均戴黑色笼冠，穿右衽大袖衫，杏黄长裙，腰束白带。左手弯曲于腹部，握裙一角，裙角呈扇形。左手作握器状，有拳眼。大眼小嘴，面带微笑。形体简括，但不失于呆板。

东西魏与柔然和亲

值北魏分裂之际，北方的柔然部势力日益强盛。东魏、西魏双方为了不致树敌过多，都向柔然献殷勤。东魏天平二年，西魏大统元年（535），东、西魏分别与柔然和亲。

东魏天平二年，柔然敕连头兵豆伐可汗阿那瓌向东魏求婚，高欢连忙封宗室常山王之妹为兰陵公主，嫁给阿那瓌为妻。柔然屡侵西魏，大统四年，西魏文帝封舍人元翌之女为化政公主，嫁给阿那瓌的兄弟塔寒，自己娶阿那瓌之女为郁久闾后。柔然郁久闾后妒嫉原皇后，阿那瓌不满意，率兵渡河，要求废原皇后乙弗氏。宇文泰于是逼乙弗氏为尼，后又逼其自杀。高欢随即也与正妻匹娄氏分居，而娶阿那瓌爱女为正室。

两魏相争，柔然坐收渔利20年，直到北齐天保三年（552），阿那瓌被突厥击败自杀，柔然势力衰落才结束。

《阴符经》出现

北魏后期，出现了一本独具特色的兵书《阴符经》，又称《黄帝阴符经》，《新唐书·艺文志》中始有著录，并有唐代褚遂良手书碑贴行世。《阴符经》作者已不可考，但根据此经简约深刻（共约三四百字）和不带神学色彩的特点，应该是一位受玄学风格影响而又深谙道学和兵学的隐士所作。《阴符经》融合儒、老、阴阳、法、兵等各家思想内容，并以含蓄隐晦的语言谈论政治和军事权谋，是一部很有价值的兵书。

《阴符经》反映了作者的治国和军事思想，他指出治国者和帅军者的思想都必须符合“无道”，也就是说要认真观察和研究自然、社会法则，使自己的行动与之相合，这样才能取得成功。同时，还必须充分发挥主观能动性，人主、将帅要在社会大变革时期审时度势，乘机而动。另外，加强自身修养、知人善任、赏罚分明也是成功的必备条件。

《阴符经》也体现了作者唯物主义色彩的战争观，他认为剧烈的社会变革乃至战争是不可避免的，只能因势利导，通过战争夺取胜利，变不利为有利。这种战争观比起某些儒家学者只会笼统否定和诅咒战争要客观、深刻得多。

在战术方面，《阴符经》强调用兵要奇，并主张集中兵力，并做好战前准备，这样才能有备而战，以众击寡，取得胜利。

《阴符经》内容丰富，含义深刻，在魏晋南北朝时期就提出具有唯物主义色彩的战争观，有很大的进步意义。

宇文泰大败高欢

北魏分裂为东西魏，大统元年（535）七月，宇文泰列高欢20条罪状，声讨高欢；高欢也声言领兵西讨逆徒。宇文泰与高欢两大集团公开翻脸，各举雄兵，一时间战祸四起，烽火连天。

西魏大统三年（537）八月，西魏发生大饥荒，宇文泰发兵讨伐东魏，攻陷贮粮要地恒农，就地补充军粮。高欢见自己的粮仓被劫，大怒，马上派大将高敖曹率3万人去取恒农，将恒农团团围住；自己亲率20万大军，自蒲津渡过黄河，浩浩荡荡，杀奔长安，欲与宇文泰决一死战。

宇文泰见高欢来势凶猛，又怕高欢军一入长安引得民心大乱，遂决定趁其尚未立稳脚跟，来一个兜头痛击。于是率轻骑渡过渭水，前来迎战。十月，宇文泰部到沙苑（今陕西大荔南洛、渭之间）安营，距高欢军60里。宇文泰一面察看地形，一

东魏佛头。此佛头梳镟纹状高髻，面清癯，眉细长，眼略下视，鼻高唇薄，呈微笑状。

东魏邹广寿造思惟像。东魏思惟像莲冠大而低，颈长肩小，腰身细长，衣褶简括劲挺，此尊具代表性，且雕造精细。

面派探马去打探高欢军情。探马尽得高欢军虚实，立即回报。宇文泰与众将谋定，将部队分居左右，各为方阵，将士都埋伏在芦苇丛中，在渭曲待敌，闻鼓出击。

东魏军人多势众，军力为西魏军的20倍，一路开来，趾高气扬，士心骄怠。宇文泰亲自击鼓，士兵从芦苇中跃出，左右两支往中横冲，东魏兵一时被断为两段，难以照应，顿时阵脚大乱。东魏军尽在明处，全军暴露；西魏兵鼓声响处，一呼而起，奔涌出来。东魏兵不知虚实，四散逃窜。宇文泰率军掩杀，高欢大败，连夜渡黄河逃回。沙苑一役，东魏损失甲士8万人，弃铠甲兵器18万，遭受惨败。高敖曹得知高欢败回，也撤恒农之围，回保老帅。宇文泰乘胜追击，黄河以南四州都降西魏。宇文泰以1 ： 20的绝对劣势，力克强敌，凯旋回师。

北朝民族的代表作《木兰诗》

木兰诗是北朝长篇叙事民歌，收集在乐府诗集《梁鼓角横吹曲》里，是北歌中最杰出的作品。

木兰诗记述了木兰女扮男装，代父从军的故事。木兰为了保全老父，毅然代他担负起出征的艰苦任务，表现了自我牺牲的精神。她身经百战，历时十年。胜利地完成使命，表现了坚强和勇敢。而凯旋归来，不受官爵，只愿意恢复普通劳动妇女的生活，又表现了纯朴高洁的胸襟。木兰诗不仅反映出北方游牧民族普遍的尚武风气，更主要的是表现了了北方人民憎恶长期割据战乱，渴望过和平、安定生活的意愿。木兰这一出色的艺术形象，有力地说明了女子和男人同样有能力做出英雄豪杰的事业。同时也说明了女子有权利受到和男人同样的看待，这是人民的愿望的反映，对那个时代的重男轻女的成见是一个重大的冲击。

木兰诗是民间叙事诗，富有色彩，风格也比较刚健古朴，表现了民歌的艺术特点。连续运用复叠和排比的句调，造成姿致和音乐性；用拟问作答来刻画心理活动，细致入微；对偶句子简练工整，包含了丰富的含义；而语言的精练，更增强叙事气氛。木兰诗代表了北朝乐府民歌杰出的成就。

木兰诗的艺术特色和思想内容对后世产生很大的影响。杜甫在草堂诗中就有意模仿了木兰诗中描述全家欢迎木兰时的表现手法。直到现在，木兰仍然是舞台银幕上塑造的女英雄形象。

东西魏大战于河桥

元象元年（538）七月，东魏急于收回金墉及洛阳等失地，高欢派侯景、高敖曹等围攻金墉城（今河南洛阳市东），自己率大军在后面接应。

侯景在战乱中放一把大火将洛阳内外房舍烧得十不存二。宇文泰率兵前来迎战，与侯景会战于河桥。战斗中，宇文泰的战马中了箭，受惊狂奔，远离了大营。宇文泰落马，恰好东魏兵掩杀过来，左右随从都被击散。幸好都督李穆机智，下马往宇文泰背上连抽几鞭，假装骂道：溃败军士，你们主帅在哪里？只你这没用的留在这里！东魏兵也就不疑心他是将帅，继续向前追杀。宇文泰捡得一条性命，于乱军中逃回，重整旗鼓，又将东魏兵打退。东魏大将高敖曹仗着兵多将勇，蛮力冲杀；西魏军拼全力将高敖曹部团团围住，高敖曹所率两

北朝菩萨身躯

万人陷入重围，全军覆灭。高敖曹单骑逃出，投奔河阳南城。守将高永乐一直跟他有仇，紧闭城门，不让他进去。高敖曹于是拔下腰刀，挖掘城墙，还没通，西魏追兵就到了。高敖曹自知难免一死，大喝一声：来！拿我的头去邀功请赏！追兵斩首而去。

东西魏河桥之战，西魏原来得到的关东洛阳等地都被高欢夺回，东魏折一员大将高敖曹，损兵二万余；而西魏精兵也差不多丧失殆尽，西魏文帝和宇文泰都在战斗中受了兵败之惊。

东西魏邙山大战

大统九年（543）二月，西魏丞相宇文泰为牵制东魏兵力，接应高仲密投降，发兵进击东魏。西魏兵进到洛阳附近，三月初六日，将河桥（今河南洛阳北）南城团团围住。东魏高欢岂甘示弱，马上发兵10万，亲率迎敌。宇文泰见高欢来势凶猛，忙避其锋芒瀍，率军撤到上（今河南洛阳西瀍水）。宇文泰渡河之后，怕高欢追上，命人在河上游放下火船，顺流而下，欲烧河桥。高欢部下等到火船靠近，用锁链拉住，拖到岸边。桥得以保全，于是高欢军渡河，占据邙山（在当时洛阳北，黄河南），摆下阵势，等待战机。

宇文泰见状，于夜间带兵前来偷袭。哪知高欢老奸巨猾，早已料定，埋下了伏兵。宇文泰军进入伏击圈，东魏伏兵四出，冲杀过来，将宇文泰军杀得七零八落，尸积如山。宇文泰铩羽而归，一清点，损将48员，折士卒三万余人。

敦煌莫高窟288窟北魏时期伎乐飞天壁画

第二天，宇文泰重整旗鼓，誓报昨夜之仇。西魏军分为三路，中、右两军合击东魏军，奋力冲杀。高欢大败，军中步兵全部被俘虏。高欢自己在溃败回逃之时失足落马，部下赫连阳顺把自己的马让给高欢，于是高欢又跨上马背仓惶奔逃。西魏兵很快追了上来，高欢亲信都督尉兴庆拼死挡住，箭尽战死。宇文泰又精选三千勇士追赶高欢，但高欢仍逃脱。邙山之战，双方都损失惨重。

苏绰作《大诰》

大统十一年（545）五月，西魏丞相宇文泰看到魏晋以来文风有浮华的倾向，打算革除这种弊端。六月初十日，西魏文帝祭太庙。宇文泰趁此机会命大行台度友尚书，领著作苏绰仿《周书》作《大诰》，并且拿这篇文章宣示群臣，告诫政事。宣读完毕，命令“自今文章皆依此体”，即要求以后写文章都要依照《大诰》的样式。

河北磁县东魏墓出土之陶风帽俑（左）及陶武士俑。

《大诰》作者苏绰（498 ~ 546）字令绰，京兆武功（今属陕西）人。他年少好学，博览群书，足智多谋，为国家之事积劳成疾。丞相宇文泰很信任他，别人不能离间。苏绰为国事日夜操劳，大统十二年（546）终于劳累过度而死。宇文泰为他送葬，在灵车后洒酒祭奠，哭道：尚书平生做事，妻子、兄弟有不知道的，我都知道。只有你知道我的雄心，我知道你的志向，才一起共定天下。不料现在突然舍我而去！宇文泰伤感难以自持，酒杯不觉脱手落地。

宇文泰创府兵制

西魏大统九年（543），西魏宇文泰正式创建府兵制。

西魏大统八年(542),宇文泰开始创置六军,按相传的周制,每军12500人。当时兵源为关陇豪右的亲党和乡人，军队统帅由大小豪右充当。实质上，这是由氏族血缘关系组成的地方军队。这就是最早的“府兵”。这支军队战斗力并不强，在次年的邙山战役中被歼过半。自此以后，宇文泰蓄心创建更完整的“府兵”。

魏初设有“柱国大将军”的官职，此衔位高权重。尔朱氏当权时，尔朱荣曾当此职，地位也随之高过宰相。大统三年（537），西魏文帝封宇文泰为柱国大将军，此后有官显功高的朝廷重臣，也领过这个职衔。任柱国大将军的共有 8 人，即安定公宇文泰，广陵王元欣，赵郡公李弼，陇西公李虎（唐高祖李渊之祖），河内公独孤信，南阳公赵贵，常山公于谨，彭城公侯莫陈崇。8 人中宇文泰权势最重，监督各军，总揽兵权；元欣因为是宗室，不过挂个空名，过问一下政事，并无实权。其余六个柱国大将军分统六军，每人各统两个大将军，六军中共有 12 个大将军；每个大将军又各统两个开府将军，共 24 个开府将军；而每个开府将军各领一个军，实际上有 24 个军。这支新建的府兵到大统十六年（550）已初具规模，比大统八年“初置六军”时，人员多了四倍，总计达 30 万之众。

新建六军的最高统帅合称为“八柱国”，取意于八个柱国大将军。24 个官中，每军下设仪同将军，以下团有大都督，旅有帅都督，队有都督等中下级军官。当时，西魏全国共设 100 个“府”，从民间选有才力者为府兵。府兵本身的租税劳役征调，一切免除。府兵平时务农，农闲时操练。他们的马畜粮食，一律由统军的六个柱国大将军统筹，另外每府设一个郎将，郎将负责管理征集、行役、退役等事务。兵士根据户等高下，丁口多寡，才力强弱进行选拔，户籍属于军府，不属于郡县。由于具有“私兵”性质，府兵的战斗力很强。这就是由宇文泰创建的西魏府兵制。到了北周时府兵制已有变化，隋唐之际则由发展完备以至于逐渐衰亡。

高澄囚禁孝静帝

东魏孝静帝生得英挺伟岸，而且臂力过人，能挟着石狮子翻越宫墙，箭法更是百发百中。他爱好文学，很有才华，做事从容沉雅。当时的人都认为孝静帝有北魏孝文帝的风采。对帝位窥伺已久的高澄对他很是忌惮。

北朝造像碑。碑首为四龙蟠纹，阳阴两面各开一龛，内雕单身座佛。碑阳开一帷幕华饰龛，左右出龙头口衔下垂至地的流苏。龛内雕一佛二菩萨。主尊佛龛下再开四小龛，左右边龛各雕一半蹲狮子，中间二龛各雕一单跪式昆仑奴。下部为造像题记。

高欢在时，对孝静帝还算恭敬。高澄掌权之后，对孝静帝傲慢无礼，还派中书黄门郎崔季舒监视孝静帝。有一次，宫中饮酒，高澄举大碗对孝静帝说“臣澄劝陛下喝酒。”态度很蛮横。孝静帝很愤怒，说道：自古以来没有不灭亡的国家，朕活着又有什么用！高澄大怒，骂道：“朕？朕？狗脚朕！”又命令崔季舒揍了孝静帝三拳，拂袖而去。

东魏武定五年（547），孝静帝不堪忍受高澄的侮辱，终日忧愤。侍讲荀济知道皇帝的苦衷，于是与一些大臣密谋诛杀高澄。孝静帝得知，在敕书中佯问荀济：你打算什么时候开讲？又假装在宫中筑一座土山，实际上挖掘通往北城的地道。当地道挖到千秋门时，守门的人听到地下有响声，马上报告高澄。高澄即刻带兵进宫，斥责孝静帝道：“你为什么要造反？我们父子对国家有功，有什么对不住你呢？这一定是妃嫔唆使你干的。”于是挥剑要杀妃嫔。孝静帝正色说道：

"自古以来只听说过臣反君的，却没有什么君反臣的。你自己要造反，还来斥责我！你一定要弑君，迟早由你！"高澄悻悻退出，过了几天，将孝静帝幽禁在含章堂。

高洋篡东魏建北齐

东魏武定八年（550）五月初十日，齐王高洋登上皇帝宝座，改元天保，国号为齐，史称北齐。

东魏高欢当政时，既定长子高澄为继承者，又培养次子高洋，以使高家权势更稳固。为避兄弟猜忌，高洋平时韬光养晦。高欢死后，高澄当政不久便遇刺身亡。于是高洋取而代之把持朝政。

北齐骑马文吏俑

东魏武定八年（550）正月十八日，太原公高洋晋升为丞相，都督中外诸军事。三月，又受封齐王。于是高德政劝高洋称帝。高洋把这件事告诉了娄太妃，太妃告诫他说：你的父兄如龙似虎，还知道帝位不能妄自占据，终生北面侍君，你是什么人，也想称帝！高洋看到人心不一，便派高德政到首都邺城探听公卿大臣的意见，没有一个赞同的。

徐之才、宋景业等人向高洋陈述阴阳卜筮，高德政也多次劝高洋称帝，这些人宣称应该在五月受禅接帝位。高洋大喜，于是又从晋阳返回邺。高德政详细地记录下在邺各事，一条条让高洋过目，杨愔召太常卿邢邵讨论制定礼仪，秘书监的魏收起草了九锡、禅让、劝进等文章。一切都进展顺利。文武百官看到大势所趋，没有人敢反对。五月初八日，司空潘乐，侍中张亮，黄门侍郎赵彦深等人要求入朝奏事，东魏孝静帝在昭阳殿召见他们。张亮说道："齐王圣明仁德，老百姓都对他拥护爱戴，希望陛下效法尧、舜，将帝位禅让给他。"孝静帝无奈说道："这件事推拖退让很久了，应当谨慎行事。"又说道："既然这样，应该先写好制书。"中书郎崔劼、裴让之说道："已经写好了。"于是侍中杨愔献上制书。孝静帝不得不签署，又问道："我住在哪里？"杨愔答道："北城那儿还有馆宇。"就这样，高洋策划的一场篡权夺位的丑剧终于大功告成。

贾思勰著成《齐民要术》

约在永熙二年至武定二年间（533 ~ 544），北魏农学家贾思勰著成综合性农书《齐民要术》。贾思勰是青州齐群益都（今山东寿平县）人，生平不详，曾任高阳太守。

《齐民要术》共10卷92篇，11万多字，内容极为丰富，涉及农、林、牧、副、渔等农业范畴。卷首有"序"和"杂说"各一篇。"序"是全书的总纲，"杂说"则被认为是后人所作。

贾思勰像

该书主要内容有：土壤耕作和农作物栽培管理技术；园艺和植树技术，包括蔬菜和果树栽培技术；动物饲养技术和畜牧兽医；农副产品加工和烹饪技术等。书中引用了100多种古代农书和杂著的

《齐民要术》书影。成书后广为流传，版本多至20种，并经常为其他农书援引，被誉为农业百科全书。

内容，《氾胜之书》、《四民月令》及《陶朱公养鱼经》等一些佚失著作的部分内容得以保存下来，具有重要的史料价值。

《齐民要术》系统总结了秦汉以来我国黄河流域的农业科学技术知识，其取材布局，为后世的农学著作提供了可以遵循的依据。

在土壤耕作方面，《齐民要术》针对黄河中下游的气候特征，总结摸索出耕—耙—耱一整套保墒防旱措施，从而基本上形成了完整的北方旱地土壤耕作技术。其中提到的20多种农具中，“耙”和“耢”的出现成为整地工具的一大进步和精耕细作体系的必要手段。耕—耙—耱耕作技术的第一个环节就是要耕好地。为了保存土地的肥力和水分，书中对春、夏、秋三个季节的耕种时间、深浅、程序都作了明确的说明。第二个环节是土壤耕后的多次耢(耱)地，这样能使土壤细熟，上虚下实，这样有利于保墒防旱和种子的生长发育。此外，为适于种子发芽，还可用农具“挞”复种镇压。耕、耙、耢措施相互配合，辅以镇压及中耕，组成了以防旱保墒为目标的旱地耕作技术体系。《齐民要术》还主张实行轮作复种制和间混套作，充分利用地力和太阳光能，并且开始有意识地栽培绿肥。书中还积累了选种、播种等方面的丰富经验，重视以水稻烤田技术、病虫害防治技术为特征的田间管理技术。

在栽培技术方面，《齐民要术》中记载了蔬菜的复种和间作、果树的压条繁殖、扦插、分根和嫁接的繁殖方法以及“疏花措施”、“嫁树法”等促使果树开花结果的有效办法。

此外，《齐民要术》中提到了动物饲养和畜牧医技术，总结了家畜饲养管理方面的经验，收集了古代兽医药方 48 条，在家畜阉割操作与消毒方面达到了很高的水平。书中还论述了养蚕及蚕病防治技术；记载了酿酒的具体方法，提出了 40 多种酿造方式，在作醋、制酱和制豉方面也作了较系统的介绍。书中还介绍了 169 种菜肴的烹调方法及多种调味品的制作方法，是目前我们了解研究魏晋南北朝以前我国烹调技术的全面的、具体的，也是唯一的著作。书中第 10 卷所介绍的野生植物和南方植物的利用可以说是现存最早的南方植物志。

该书不仅是我国现存最早和最完善的农学名著，也是世界农学史上最早的名著之一，对后世的农业生产有着深远的影响。明代王廷相称它为“惠民之政，训农裕国之术”。唐宋以后出现的不少农书，如徐光启的《农政全书》、王祯的《农书》等，均受其影响，而且早在唐宋时期，该书已传入日本，至今日本还藏有北宋最早刊印的残本。近代以来，世界上出现了该书的多种译本和研究性的著作。欧美学者称它“即使在世界范围内也是卓越的、杰出的、系统完整的农业科学理论与实践的巨著。

《洛阳伽蓝记》记录佛寺兴衰

武定五年（547）东魏迁都邺城后，杨衒之来到洛阳，有感于洛阳受东西魏战争的破坏，“城郭崩毁，宫室倾覆，寺观灰烬，庙塔丘墟”，十分怀念昔日繁华景象。于是始著《洛阳伽蓝记》，追忆北魏孝文帝迁都之后洛阳的盛景。杨衒之，北魏北平郡（今河北卢龙）人，历仕抚军府司马、期城郡太守、秘书监等职。

《洛阳伽蓝记》是南北朝时期记述北魏都城洛阳伽蓝（梵语佛寺）兴废的地志。共5卷。《洛阳伽蓝记》采用分别正文与注文的体裁，注文并依照佛教经典合本子注格式，兼载不同诸说。全书以洛阳伽蓝的兴废沿革为主要线索，先叙城内，次叙东南西北四门，各为一卷。所记寺庙40余所，奢侈壮丽，可见北朝佛教盛况空前。本书虽以寺庙为纲，但所记内容涉及颇广，凡政治、人物、风俗、地理、名胜古迹、艺文等无不记载，并牵连叙述有关史实。在政治、经济、社会、文学、艺术、宗教、思想等诸方面，均保存了极为重要的史料。其中所收宋云《家记》、惠生《行记》、《道荣传》等，记述宋云与惠生出使西行史事，是研究中外交通史的重要资料。《洛阳伽蓝记》的文字简明清丽，颇具特色。此外，由于作者杨衒之一向反对佛教度僧建寺和贵族的施舍浪费，因此本书对于当时豪门贵族、僧侣地主的骄奢淫佚，寓有讥评之意。

《洛阳伽蓝记》问世后，诸家注本很多，以清吴若准《洛阳伽蓝记集征》为最好。近人周祖谟有《洛阳伽蓝记校释》、范祥雍有《洛阳伽蓝记校注》。考证均颇精详。本书还有王伊同的英文译本。

南北响堂山石窟

东魏时（534～550）响堂山开始凿窟建寺。武定五年（547），齐献武王高欢虚葬漳水西，实际葬于响堂山石窟中心柱顶部，可知此时石窟建筑已颇具规模。北齐文宣帝高洋（550～559）继承父亲高欢、兄长高澄继续在响堂山开窟建寺。自此，响堂山就成为北齐石窟的集中地，实即北齐诸帝陵墓，以后各代又续有修筑，使响堂山石窟成为中国古代著名的石窟之一。

响堂山位于河北邯郸市西南峰矿区，古称鼓山，因在洞内拂袖搅动空气即能发出类似锣鼓的声音而得名。响堂山石窟分南北两区，相距约15公里，共有石窟16座，大小雕像3400多尊。

南响堂石窟，建于响堂山南麓，依山开凿，分上下两层共开7窟，名华严洞、

北响堂第二窟正壁龛全景

般若洞、空洞、阿弥陀洞、释迦洞、力士洞、千佛洞。上层五窟中，西端一窟规模最大，三壁三龛宝坛形式，是三壁三龛式窟的代表，此窟中有佛像1028尊，故名千佛洞。该窟前廊还存有檐柱、斗栱和屋檐雕刻，顶部飞天浮雕，身曳飘带，或弹琵琶，或奏笙管，形态生动，窟内三面宝坛上的三身佛像，各雕一铺一佛二弟子二菩萨的五身造像，造型别致，全窟佛背光之外的四壁，广造千佛。洞口外栏额刻舍利和飞天，形态动人。洞旁还有附属的正殿、配殿、楼阁及砖塔等建筑。其他四窟都较残损。下层两窟为有中心柱大窟，窟前凿有带檐柱的长廊，雕刻仿砖木结构的檐瓦、檀、椽、枋、斗拱，来承托屋顶，檐

北响堂第一、二窟外景

南响堂第七窟窟顶藻雕饰

柱间凿大龛，内雕佛像，整个前廊部分作为塔身，上面崖面上，雕出覆钵式塔顶和塔刹，形成独具特色的塔形窟。

北响堂山窟在响堂山西麓北端的山腰峭壁上开凿，分南、北、中三组，共9洞，以北齐时开凿的二、四、七三窟（即刻经洞、大佛洞、释迦洞）为中心。在响堂山石窟中心仿柱式塔形窟中以北响堂第七窟规模最大，开凿最早，雕刻也最精美。该窟中三面各龛均作天幕状，幕顶雕云龙、飞天、花蕉叶等高浮雕，正龛佛像高3.5米，为响堂山石窟中最大的造像。龛顶浮雕覆钵，上面雕有由仰莲、宝相花、相轮、火焰宝珠组成的塔刹，精美别致，堪称“骇动人鬼”。第二窟刻经洞，是众多刻经石窟

北响堂第七窟异兽

中的壮举，规模最大，时代也较早。洞内外壁上遍刻经文，刻有《维摩诘经》、《胜鬘经》、《孛经》、《弥勒成佛经》、《无量寿经》、《犹波提舍偈文》、《无量义经》、《涅槃经》（其中有三方佛经泐损，《涅槃经》不存）等。洞旁有石碑，是著名的唐邕写经碑，记载北齐天统四年至武平三年（568～572）唐邕写经过程，主用隶体，遒劲有力。另外，北响堂第一窟，南响堂第一、二、四窟都有北齐时代的刻经。

南北响堂山石窟从外观上看当以凿有窟廊的塔形窟最为突出，它认真模仿木结构，更富有建筑的趣味，特别是四门塔形式，更是由陵墓性质而决定的独创形式，在石窟中独树一帜；南北响堂名窟虽各有特色，但都在诸多方面表现了北齐时代的风格，弟子、胁侍为上大下小的瓶形身躯，属北齐标准形式，而且衣纹紧附形体，雕刻浅薄，与前期以线条为主的北魏形式迥然不同。雕像面部已不是前期那种庄重威严，深目高鼻，清癯俊秀的表情，而是半圆适度，神情温和，增加了写实性；从所刻写的佛经考察，它不仅记录了当时佛教的流传情况，并直接影响了唐代佛教的发展，为研究具体的佛经和佛教史提供了宝贵的资料。

石刻佛像遍及中国

南北朝时期，不仅泥塑佛像、金铜造像的形制和规模极为宏大，而且石刻佛像也遍及中国，它们共同构成了魏晋南北朝的雕塑艺术的主体，创造了我国艺术史上的一次辉煌。

崛起于北方的鲜卑拓跋氏建立北魏政权以后将虏掠的众多僧迁至平城（山西大同市），使得佛教昌盛，随着曾在麦积山习禅的高僧玄高以及后来主持开凿云冈石窟的昙曜到达平城，太平真君七年（446）又将长安 2000 户能工巧匠迁徙至此，平城立刻成为北方佛教中心。兴安二年（453），在昙曜主持下开凿云冈石窟。

北齐代兴以后，佛教中心东迁至邺城，南北响堂山、天龙山石窟的石刻造像代表了北齐风格。以北响堂大佛洞规模最大，宽约 12 米，进深 11 米，四面开龛，内造四方佛，佛相丰圆，衣纹贴体，造型工整而洗炼，装饰十分华丽，展现出一种新的气象。

在南朝，由于豪门士族竞相奢华，崇佛之风代盛，齐梁京都建康佛寺壮崇，制像宏丽，开窟造像的规模也很大。位于南京栖霞山的千佛崖，是南朝造像最集中的龛像群，现存窟龛294个，雕像515尊，而文献记载的摄山大像通高4丈，二胁侍菩萨高3丈多，为栖霞山一大奇观，从这里我们可以看出南朝石佛的大体形制和规模。

北齐造像碑

保存于浙江新昌县西南的南明山大佛寺的“剡县石佛”，坐高5丈，立形10丈，如此巨像，在当时南北石窟造像中实属罕见。

除了大型石窟集约化的大批石刻佛像以外，南北各地都出土过许多石刻佛像，如曲阳出土北齐纪羊石刻佛像101件，以天保二年（551）张覆卧造交脚弥勒像、天保七年（556）张庆宾造弥勒倚坐像最为优秀。

中国的佛教雕塑艺术，在中国数经变化，到南北朝时期，基本摆脱了西域及外来艺术的痕迹，完全地世俗化，中国化了，并且受当时奢靡世风的影响，石像的规模和形制极为宏大，呈现出集成性特色。北魏石刻雄健豪迈，表现了拓跋民族向上的朝气，刚毅不拔的性格。迁洛以后，以龙门风格为标志，反映了其汉化和南方化的轨迹，以秀骨清姿，宽袍博带为主要艺术特色。南朝雕塑呈现出装饰华丽的新气象。中国雕塑艺术从此进入了全盛时期，直接开启了隋唐艺术之先河。

北朝石刻线画成就斐然

南北朝时期，游牧民族在北方建立起了少数民族政权，其统治者崇奉佛法，大量吸收了当时外国（主要是印度）宗教画家传来的佛教艺术；同时，他们

东魏佛传故事线画

北魏礼佛图线画佛座

又向往着南朝文化的秀丽繁盛，积极开展南北交流，因而北朝的艺术中少数民族与汉族的这两种差距甚大的艺术技巧和审美因素水乳交融，形成了独具魅力的新的艺术风格。北朝无论石雕、石刻都成就斐然，就石刻线画而言，其流传佳作足以代表那一时代我国绘画中线描艺术的至高水平。

北朝石刻线画的骄人成就，首先托赖于佛教石窟的大规模开凿和佛教造像碑的盛行。最早的北朝石刻线画保存在佛教石塔上，各种石窟中的佛座、壁龛，也是绘刻线画的主要地方。主要题材有佛像故事图等等；各种佛教和西来文化的图案，也遍布其间，如莲花、宝相花树、护法狮子、西域杂技等等，都很常见。在这些佛教石刻线画的演变中，形象地展示了外来文化和本土文化的融汇和发扬光大。

北朝石刻线画艺术的发展，也有赖于当时社会的厚葬风气的兴盛，使石刻线画自两汉以来，又一次在墓室、石棺、墓志上找到自身用武之地。而魏晋两朝禁止民间私立碑石，也使碑刻画像转向地下发展。

北朝尽管佛教盛行，但大乘佛教的西方极乐世界之说尚未流行，西方极乐教主阿弥陀佛也还未被信仰，因而道教的升仙不死之说仍是对人们死后的最大慰藉，成为地下石刻线画的主要题材。这方面的代表作布图雕刻均比前代更为考究：石棺两侧，是墓主夫妇乘龙跨虎在羽士指引下的升天图，左右有异兽祥瑞簇拥，上有云火，下有草木，棺上还有四灵图像以明方位。

地下石刻线画的另一题材则是行孝故事，因为情节性强，造型细密可观，因而这种孝子图几乎原封未变地流传至明代。

北朝的作品里还保留了当时的社会生活图景，如商旅驼运图，商谈图等等，都是当时东西贸易深入发展的特有产物，因而也具有更浓的生活风味和写实气息。

北朝石刻线画有如此成就，和当时名画家的指导干预是分不开的，当时的名雕刻家蒋少游、名画家曹仲达都曾从事石刻艺术和经营佛教题材。曹仲达的人物衣褶紧密贴身，如沐罢出水，有“曹衣出水”之称。这种精细匀称的绘画，一直为当时的石窟造像所采纳。而由名画家带动的南北交流，更是对石刻线画的良好推进。

突厥伊利可汗崛起

伊利可汗（？～553），突厥第一代可汗，姓阿史那氏，名土门。突厥部落在伊利可汗的率领下，通过军事征服建立起强盛的突厥第一汗国。

突厥，是匈奴的别种，秦汉时居住在平凉，匈奴灭之后，南迁至高昌的北山（今博格达山），后又迁至金山（今阿尔泰山）南麓。5世纪，突厥被柔然征服，世代给柔然当锻奴。6世纪初，柔然在与高东的战争中失利被迫东迁，因而放松了对突厥的控制，客观上给突厥的独立发展提供了有利时机。突厥乘机南下，将其势力扩张到河套地区，开始掠夺西魏的连谷（今陕西神木县北）。544 年，突厥酋长阿史那土门派遣使节通西魏，西魏丞相宇文泰派遣酒泉昭武九姓胡安诺槃陀出使突厥。与此同时突厥开始对相邻民族进行征服，兼并。546 年，阿史那土门率部降服铁勒，将其部众五万余人全部兼并，势力蒸蒸日上。551 年，阿史那土门向柔然可汗求婚，遭到拒绝，于是他转而向西魏求婚，西魏将长乐公主嫁给了他。从此突厥断绝了同柔然的隶属关系，开始反抗统治着漠北高原的柔然。552 年，土门率军重创柔然，柔然可汗阿那瓌自杀。次年，阿史那土门自立为伊利可汗，建立突厥汗国，汗庭设在郁督军山（亦作乌德鞬山，于都斤山即今杭爱山北山）。伊利可汗建立的游牧汗国（552 ~ 630）常被称为突厥第一汗国或突厥前汗国。汗国被视为可汗的私产，可汗之下设 28 等官职。建立汗国一年后，伊利可汗死，其子科罗立，号乙息记可汗。

突厥墓前石刻

齐破山胡

山胡，即稽胡，全名为步落稽。北朝时，稽胡是一个杂合的民族，既包括与古代匈奴有统属或血缘关系的民族或部落，也包括已经附属匈奴的西域胡人。其活动区域大致在今山西、陕西两省交界处的黄河东西岸。他们长期居住在山谷间，从事农牧业，虽然已经列为编户，但其徭赋很轻。因为山谷险阻而且偏僻，所以他们经常作乱造反，使得汾晋之间没有安稳日子。北齐天宝四年（553）春正月，

北齐张啖鬼造像碑

山胡围攻离石（今属山西），齐文宣帝高洋率兵进讨，还没有到达离石，山胡已经四处逃窜。次年正月，文宣帝再次出兵，从离石道征讨山胡，同时派遣斛律金从显州道、高演从晋州道掎角夹攻，大破山胡，斩杀数万，获杂畜十余万，于是山胡被灭绝。

魏收撰《魏书》

北齐天保五年（554）十一月，北齐魏收奉诏令编撰的《魏书》于本月书成。

《魏书》，纪传体史书。记述鲜卑族拓跋部所建立的北魏及东魏王朝兴亡史事，共124卷，包括本纪12卷，列传92卷，志20卷。北齐魏收撰。本书撰于天保二年至五年间（551～554），记事起于鲜卑拓跋珪建国（386），终于东魏灭亡（550）。原书至北宋时已有残缺，宋人分别用隋魏澹《魏书》，唐张太素《魏书》，高峻《小史》及《北史》、《修文殿御览》补之，而成今本。

魏收（506～572），字伯起。北齐钜鹿下曲阳（今河北晋县西）人。北魏节闵帝时为太学博士、散骑侍郎，典起居注，并与阳休之等修国史，兼中书侍郎。东魏时一直参与修国史。北齐受魏禅后，任中书令，兼著作郎。天保二年奉诏撰魏史，其后专心于此。

《魏书》资料比较丰富，而尤以叙述拓跋部及北方各族人民的活动、民情、风俗和北方门阀制度为详，反映了当时的阶级矛盾和民族矛盾。其中《官氏志》于百官之外兼志氏族，是研究姓氏的重要资料，为后人研究北魏历史提供了极大方便。有鉴于魏晋以后佛教兴盛，并逐渐渗入到中国社会、思想、文化之中，以及道教在政治、社会方面的作用。《魏书》设《释老志》，叙述佛教和道教在北方流传及寺院经济的情况，是研究宗教史的重要史料。此两志为魏收所独创，对后世有一定的影响。此外，书中的《食货志》详细记载了均田制度与北方经济情况，也具有较高的史料价值。

魏收是在北齐时撰《魏书》的，由于北齐受禅于东魏，因此他不得不以魏和东魏为正统，反映在《魏书》中，他不为西魏三帝立纪，称晋为僭伪，凡刘聪、石勒及宋、齐、梁、陈都载入外国传，因而有不少遗漏。

宇文觉建北周

西魏恭帝三年(556),宇文泰出巡至北黄河(今内蒙古后套乌加河)得病,还至云阳宫卒。临终,将朝廷权柄交其子宇文觉,西魏恭帝四年(557)正月,周公宇文觉称天王,是为孝闵帝,建都长安,国号周,史称北周。闵帝年仅16,朝权由晋公宇文护专擅,孝闵帝欲收掌大权,政由己出。西魏大将赵贵、独狐宫与宇文泰行辈相若,对宇文护亦怏怏不服,图谋袭杀宇文护,护先发制人,杀赵贵,逼死独狐宫,护更由大司马迁往大冢宰,成为北周元辅,威权日盛。司会李植及军司马孙恒,参掌朝政,久居权变,劝孝闵帝尽早除之。谋泄,护出李植为梁州刺史,孙恒为潼州刺史,又与柱国贺兰祥、领军尉迟纲谋,逼令孝闵帝逊位,废为略阳公,迎立岐州刺史,宇文泰长子宇文毓。未久,护杀略阳公,更立宇文毓,是为明世宗皇帝。

宇文泰仿古建六官

西魏恭帝三年(556),大丞相宇文泰接受苏绰、卢辩建议,开始仿照《周礼》官制,实行复古色彩的六官制度。六官,指天官、地官、春官、夏官、秋官、冬官六府机构。天官府,设大冢宰卿一人为长,小冢宰上大夫二人为副。北周初,五府总于天官,大冢宰成为百官之长,相当于宰相之职。后,武帝亲掌军政大权,大冢宰无权统辖五府,成为宫廷事务总管;地官府设大司徒卿一人为长,小司徒上大夫二人为副负责土地、户籍、赋税等事务;春官府设大宗伯卿一人为长,小宗伯上大夫二人为副,负责礼仪、祭祀、历法、乐舞等事务;夏官府设大司马卿一人为长,小司马上大夫二人为副,负责军政、军备、宿卫等事务;秋官府设大司寇卿一人为长,小司寇上大夫二人为副,负责刑法狱讼及诸侯、少数民族、外交等事务;冬官府设大司空卿一人为长,小司空上大夫二人为副,负责各种工程制作事务。

六官之制成为北周王朝中央政府主要组织形式,直至隋文帝杨坚代周

北周陈海龙等造四面像碑。该碑为四面造像，正、背面各雕造像三层。正面每层一主龛，两旁各四小龛，计佛、弟子像十三尊，三层共计三十九尊。其上层与中层主龛内为立佛，下层是坐佛。主像两旁站有二弟子。上层佛头破损。其余小龛均为坐像。主佛螺发高髻，两肩窄小，身披袈裟。或坐或立或侧身，面目慈祥微笑。雕刻精细，线条流畅自如。

称帝，于开皇元帝（581）恢复晋以来发展形成的三省制度，六官制才被废除。

齐废道教

东魏武定六年（548）七月，东魏大将军高澄入朝邺都，曾经因为道士伪滥，于是废弃南效道坛，北齐建国，梁朝道士陆修静投奔北齐，来到北齐后，他看到当地佛教非常发达，全境僧尼加起来有近200万人，与此相反的是道教的冷落和被漠视，道教和道士与佛教和僧尼相比颇为逊色。陆修静上章高洋（文宣帝），请求废除佛教，555年八月，高洋召集佛、道两教代表人物到邺宫论难，当时的帝王将相都倾向崇奉佛教，于是高洋下令废除道教，道士皆剃发为沙门，道士不听从，于是杀4人，最后奉命剃发，从此，北齐境内无道士。

北朝道教符箓

綦母怀文改进金属热处理工艺

綦母怀文，北齐时人，灌钢法的实践者，生卒年不详，曾任信州（今四川万县和湖北巴东之间）刺史，他对中国历史的贡献主要是改进了金属热处理工艺。

中国古代热处理工艺很早便开始出现，前14 ~ 前11世纪的殷代时期，在金箔锤制过程中已采用了退火处理。淬火工艺首先用于熟铁渗碳淬硬，

綦母怀文造“宿铁刀”示意图
1.“宿铁”就是灌钢，炉内下放熟铁块，上放生铁块，加热后，生铁块先熔化成铁水，铁水灌注到熟铁中，使熟铁块的含炭增高
2.锻成刀形，经过反覆加热、多次锻打以后，便成了钢。
3.为了使刀刃比较坚硬，再加热好淬火。
4.将烧红的刀放在牲口的尿和油中淬火，就得到坚硬的钢刀。

《史记·天官书》（成书于前91年）有“水与火合为淬”之说。《太平御览·蒲元传》载三国时蜀人蒲元对他的“神刀”淬火用水的选择，说明当时确已认识到水质对淬火效果的影响。《北齐书·列传第四十一》载东魏、北齐间（534 ~ 577）的綦母怀文在制作宿铁刀时，“浴以五牲之溺，淬以五牲之脂”，因为牲畜尿中含有盐类，具有比水高的冷却速度，所以能使淬火后的钢获得较高的硬度。牲畜油脂冷却速度较低，能避免钢淬火时脆裂，提高钢的韧性，减少它的变形。由以上可以看出当时已采用含盐的水和油作为具有不同冷却速度的淬冷介质，綦母怀文知道使用不同类型的淬火剂，表明他已清楚地认识到淬火剂同淬火后钢的性能之间的关系，他成功地使用了油淬和尿淬的金属热处理工艺。

另据《北史》记载，怀文“造宿铁刀，其法烧生铁精以重柔铤，数宿则成刚”，这就是说用液态生铁对熟铁渗碳，这是关于灌钢技术的最早记载之一。所谓“灌钢”就是中国古代把生铁和熟铁按一定比例配合冶锻而成的钢。又称团钢，南朝炼丹家陶弘景（452 ~ 536）记叙说：“钢铁是杂炼生铎作刀镰者”，这里“生”指生铁，“铎”指熟铁。当时灌钢已被用来制作刀镰之类，说明它已经历了一个发展时期，产量颇为可观。綦母怀文作为灌钢技术的实践者一直以来受到人们的赞誉。

周造大律

西魏宇文泰辅政时，命尚书苏绰将《中兴永式》36条修订成五卷，向天下颁布；又任命赵肃为廷尉卿，撰定法律。赵肃积思累年，未曾完成使命就死去。后来北周命司宪大夫拓跋迪继任赵肃的职位，完成他未竟的使命。到保定三年（563）三月终于大功告成。北周政府将拟就的法律定名为《大律》，共有25篇（一说15篇），明定刑罚条文，将五刑分为25等。

《大律》25篇依次是：1）为刑名；2）为法例，3）为祀享，4）为朝会；5）为婚姻；6）为户禁；7）为水火，8）为兴缮，9）为卫官，10）为市廛；11）为斗竞；12）为劫盗；13）为贼叛，14）为毁亡；15）为违制；16）为关津；17）为诸侯；18）为厩牧；19）为杂犯；20）为诈伪；21）为请求；22）为告言；23）为逃亡；24）为系讯；25）为断狱。共定法1537条。

义慈惠石柱。义冢之前，作为敬神祭灵之用。因柱上有“大齐太宁二年”（562）的题记，故俗称“北齐石柱”。柱高6.7米，由柱础、柱身、盖板、石殿等构件组合而成，轮廓与南朝墓表相似。

《大律》制罪有“五刑”，一为杖刑，自10至50；二为鞭刑，自60至于100；三为徒刑，自1年至5年；四为流刑，自2500里至4500里；五为死刑，有磬、绞、斩、枭、裂5等。

《大律》是在《贾律》的基础上经过增减而成，与《贾律》大同小异，而《大律》又比附《周礼》，流于牵强附会，故史家对其的评论是：“大略滋章，条流奇密，比于齐法，烦而不要”，指出了它过于繁琐、不如齐法简要。隋朝取代北周后，重新制造了律令兼用北齐之制，北周旧制仅为后世制律所参考而不再实行于世。

北周改行十二丁兵制

北周保定元年（561）三月，政府着手改革服役制度，将北周初年定的八丁兵制改为十二丁兵制。即把境内丁男，按12个月分派，每人每年服力役一个月，依月轮换，周而复始。根据北周的定制，凡满18岁至59岁的男丁都必须服力役，只是服役时间的长短时有变化而已。考虑到农业生产需要劳动，而且役民太重必然会引起民众不满，早在西魏恭帝三年（556）已规定，丰年役民不得超过一个月，中等年景不过二旬，而歉年则一旬，但这个制度一直未能执行。到了北周初年，政府将六丁兵制改为八丁兵制，

北朝卧羊。该羊引颈跪卧，双角卷曲。作者利用夸张变形的手法，突出了羊的形态特征。

北周二文士俑

即境内丁男在八个月中必须服力役一个月，一年配役一个半月。八丁兵制只实行了四年，北周政府就改八丁兵制为十二丁兵制，在一定程度上减轻了劳动人民的负担。

北周突厥伐齐

北齐石棺床（局部）。此石棺床雕刻精细，内容复杂，为现存北齐雕塑的精品。

6世纪中叶，突厥木杆可汗俟斤时势力强盛，因与齐人不睦而联结北周，作为外援。北周也想与突厥连兵伐齐，便以许诺迎纳其女为后作为笼络突厥的手段。齐人闻讯，亦派遣使者向突厥求婚，并且赠以厚礼。经过权衡利害得失木杆可汗拒绝齐使而与周定下婚事。北周、突厥遂交好，为进攻北齐作好准备。

北周皇帝宇文邕果敢雄豪，颇具大志，早就想灭掉北齐统一北方。北周保定三年(563)，他听说北齐重用内宠，朝政紊乱，

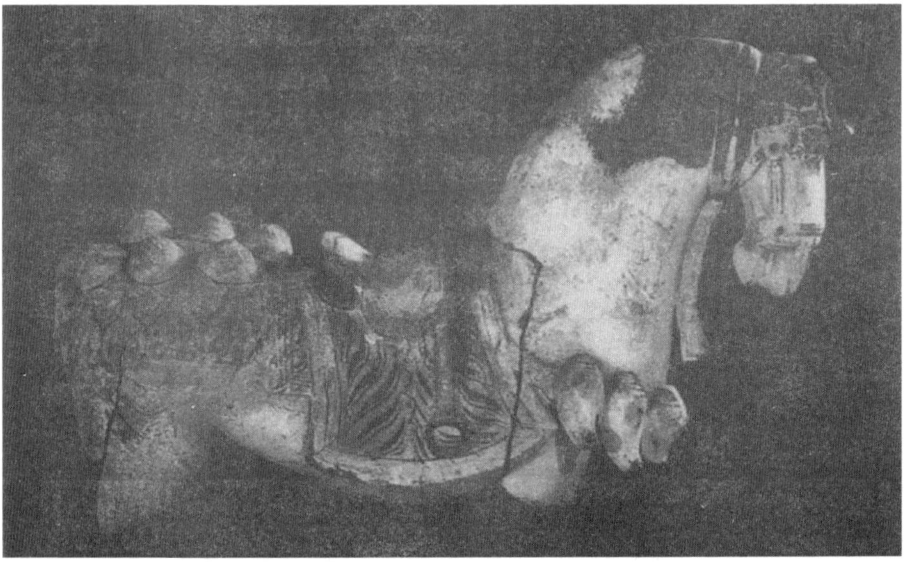

北齐陶马。是一件象征着骠骑大将军身份的力作。

认为举事时机已到，便于本年十月联络突厥，兵分两路东攻北齐。一路步骑一万由柱国杨忠率领，与突厥木杆、地头、步离三可汗会合，自北道进雁门攻晋阳（今太原）；一路步骑三万派大将军达奚武带领，由南道出平阳攻晋阳。晋阳自魏末尔朱荣专政以来，便为军事重镇。高欢时期在此设行台尚书令、仆等官，遥控朝政。北齐建国后，将行台改为省。由此可见，晋阳地理位置极为重要，如果被攻克，北齐将坐以待毙。所以，齐武成帝高湛亲自奔赴晋阳，率领大军迎击北周、突厥北道联军；又命斛律光到平阳，统领步兵三万抵抗达奚武南道之军。

次年（564）正月，北周、突厥兵临晋阳城下，见武成帝登晋阳北城而齐守城军军容严整，突厥人害怕了，谴责周人误信齐乱之谎言。所以，当齐精锐之师击鼓出城进攻时，突厥军震骇不敢战，致使北周大败，损失大批人马。南道之军亦不战而退，被斛律光追杀，损失 2000 余人。北周、突厥联合伐齐，大败而归。

齐制律令·改定三长、均田等制

北齐陶武士俑。昂着挺胸，神态威猛。

齐文宣帝高洋时因国家多事而疏于制订法令制度，判刑、断狱时极少有律文可依。天保元年（550）时，开始以魏《麟趾格》作为参考来修订齐国刑律，但历时多年未完成。武成帝继位，十分关注律令的修订，屡加督促。终于在北齐河清三年（564）年二月，尚书令、赵郡王高睿等奏上《律》十二篇，又上《令》四十卷，三月便颁行于天下。自此，北齐法令明确周密，条文简要，为官吏者开始遵守法令，仕门子弟也经常学习，于是，齐人多通晓法律。

在制定律令的同时，北齐又颁三长、均田和租调等新制。

北齐的三长制是在北魏三长制基础上重新规定的。规定为：10家为比邻，50家为闾里，百家为族党。一党之内，有党族一人，副党一人，闾正二人，邻长10人，共有14人，统领百家。这比北魏的三长制机构要简洁，利于政府管理。还有丁中制规定男子18岁以上、65岁以下为丁；16岁至17岁为中；66岁以上为老，15岁以

北齐骆驼

下为小。此举便于政府征调徭役、兵役及租赋。

重新改定的均田制为：每个男子分给露田（不栽树的田）80 亩，每个妇人分 40 亩。奴婢分田同良民亩数，每头牛分给 60 亩田，限止 4 头牛。又每丁给永业田 20 亩，为桑田，不宜种桑的地方按桑田法给麻田为永业田，死后不须归还。首都邺城 30 里内的土地全部作为公田，按等差分给洛阳迁来的鲜卑贵族官僚和羽林、虎贲；30 里以外，百里以内土地按等差分给汉族官僚和兵士；百里以外和各州属一般地区。明显与北魏均田制不同的是，对奴婢分田人数有了详细的规定和一定的限制。宗室官吏、地主豪强不能以奴婢为借口无限制地占田，这对政府有利。

同时还改定租调力役制为：租调课征以床为单位，一夫一妇为一床，未娶者为半床。课征以年龄为根据，18 岁受田，缴纳租赋；66 岁退田，免租调。奴婢租调为良民的一半。均田农户除纳租调外，20 至 60 岁的丁男需服劳役。与北魏比较，服劳役的时间很长，对政府非常有利，却加重了劳动人民的负担。

北齐河清改制，使鲜卑贵族同汉人官僚都成为中原的大地主，也使鲜卑兵士成为均田农民。但因土地兼并和租调、兵徭的沉重，使均田农民不得不出卖田园背井离乡，或投奔寺院寻求庇护。均田制实行不久便受到破坏。

斛律金唱《敕勒歌》

北朝乐府民歌《敕勒歌》，以其浑厚深远的意境，雄浑阔大的气魄为一代代文人士子所喜爱。它源自游牧民族敕勒部牧民的口头流传，由于东魏大将斛律金在玉壁之战曾高唱而名闻于世。

斛律金（488 ~ 567），字阿六敦，朔州敕勒部（高车族）人。其高祖倍侯利于北魏道武帝时率部众内附；父亲大那瓌，官至光禄大夫，第一领民酋长。斛律金性情敦直，擅骑射，骁勇善战。北魏末，破六韩拔陵起义，他起兵征讨，归附尔朱荣，官封都督，后因战功升迁为镇南大将军。高欢兴兵，他便追随高欢建立东魏，率部与西魏征战，先后出战沙苑、河阳、洛阳和玉壁。

根据《乐府广题》记载，高欢围玉壁时，经过惨烈激战，士卒死伤甚众。斛律金于是引吭高歌《敕勒歌》。“敕勒川，阴山下。天似穹庐，笼盖四野。天苍苍，野茫茫，风吹草低见牛羊”。高欢应和，借歌中磅礴的气势以激励士气，果然奏效。《敕勒歌》因此流传甚广。

高洋建齐后，斛律金被封为咸阳郡王，倍受亲待。武成帝高湛对他礼遇更重，官拜左丞相，并封其长子光为大将军，次子羡及孙武并为开府仪同三司，其余子孙多封侯显贵，尊宠极盛。齐天统三年（567），斛律金 80 岁时去世。

斛律金一生战功显赫，尤以玉壁之战中唱《敕勒歌》鼓舞士气为后人所称道。

《笑道论》抨击道藏

北周天和五年（570），甄鸾撰写《笑道论》，猛烈抨击道藏经典，对后世产生了很大影响。

北周甄鸾，官至汉中太守、司隶校尉。他学识精湛，尤其精于天算和考证之学，曾参加造《天和历》。他撰写和注释的著作多达数十种，基本上都属于天文和数学方面的著作。

由于擅天算，重考证，所以甄鸾对缺乏事实依据、不证不实之言论颇为不齿。天和五年，他撰写了《笑道论》，对道藏经典中伪造不实之处进行抨击。如指出《道德经》序所举老子时的年号“上皇”、“无极”等十分荒谬，因为老子时不可能有年号，建年号始于西汉武帝；又指出“老子化胡经”中所称东汉明帝“遣张骞等”往西域写经更是常识性错误，张赛是西汉武帝时人，决不可能活到东汉明帝时等等。总之，列出了道藏经典中许多明显和史实不符或相悖的地方，有很强的说服力。

后来，道士张宾、焦子顺、马翼、李运等人造经，“但是甄鸾笑道处，尽改除之”，可见《笑道论》言之有理，深入人心。

北齐刻经

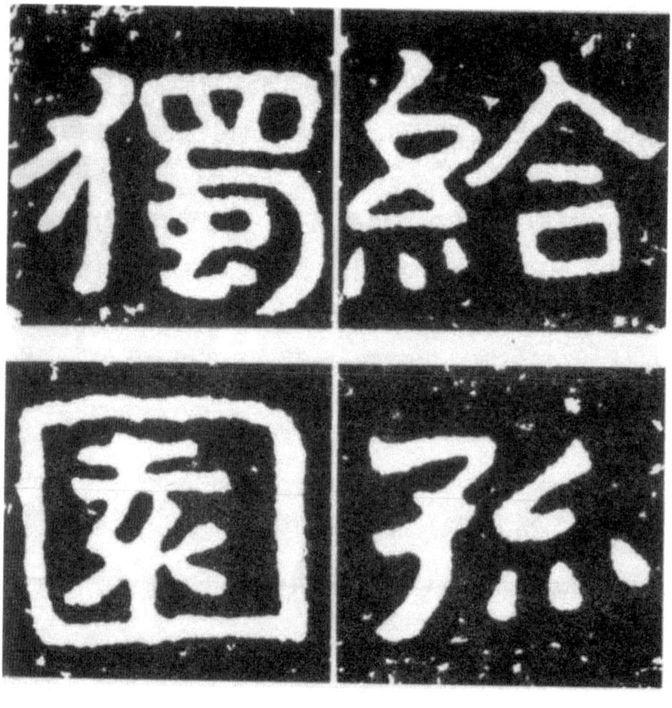

北齐《泰山经石峪金刚经》

文宣帝高洋开北齐佞佛之风，朝野热衷于传抄佛经、建造寺庙，开凿石窟，佛教刻经事业尤为炽盛。

北齐骠骑大将军唐邕发愿将佛经刻之于名山。北齐天统四年（568）起在北响堂山开凿石窟，并在窟内外壁上镌刻《维摩经》、《胜鬘经》、《孛经》、《弥勒成佛经》各一部，前后历时四年，至武平三年（572）才完成。北响堂山刻经洞开我国佛教史上镌刻石经之风气，而且刻经地点集中于邺都附近及鲁南兖州一带山区。除北响堂山刻经外，还有南响堂山刻经（572）、宝山刻经、娲皇宫刻经、徂徕山刻经（570年），泰山刻经、水牛山刻经、尖山刻经（575年）等。周武帝灭北齐后，亦在北齐境内灭佛，而北齐佛徒依旧刻经不衰，陆续又有邹峄铁山刻经（579）、冈山刻经（580）、葛山刻经（580）、峄山刻经等，都是书刻面积巨大，空前绝后的摩崖大字。

或楷或隶的刻经书体，既不同于北魏碑体楷书，也不像东汉隶书，风格雄浑简静，为后世欣赏和模仿。

娄睿墓壁画代表北朝绘画水平

南北朝时期，入主中原的北方少数民族因大肆佞佛而普遍崇尚厚葬，皇室贵戚的陵寝修建得十分宏丽，其中绚烂的墓壁彩绘，反映了北朝高超的绘画艺术水平，北齐外戚娄睿墓壁画堪称代表。

娄睿墓位于今山西省太原市晋祠王郭村，发掘于1980~1982年，墓主娄睿是北齐武明皇太后的内侄，生前曾任大将军、大司马、东安郡王等职，入葬于武平元年（570）。该墓是由封土、墓道、甬道和墓室4部分组成的砖构单室墓。

北齐娄睿墓仪卫出行

墓中壁画共71幅，总面积200.55平方米，其内容主要有两大部分，即对墓主人生前奢华的生活场景的描绘，分布于墓道、天井、甬道和墓室9壁下层；而表现其死后升仙虚幻

北齐娄睿墓仪卫出行

境界的内容则分布于甬道、墓门及墓室中、上层。

综观娄睿墓壁画，画面宏伟壮丽，手法写实，生活气息浓厚，风格单纯、粗犷，线条遒劲洗练，注重人物的神采和动态，晕染法运用得相当纯熟，以淡红晕染，突出凹凸明暗的立体效果，具有实体和空间感。更具特色的是其构图组成了人间生活、古代神话与儒道释合流的艺术长卷，融合了外来的艺术成分，丰富了民族绘画的表现技法，但保持了单线勾勒、重彩填染的中国传统绘画特点。

胡舞涌入中国

“胡舞”是我国史籍中对西域少数民族及某些外域舞蹈的泛称。秦汉时期，由于中原与西域之间的沟通交流，外域舞蹈已开始传入中原地区。魏晋南北朝时期，北方少数民族先后入主中原。在短短二百多年间，朝代迭兴，战争连绵，各族人民不断迁涉杂居，于是在我国北方出现了各民族大融合。伴随着这种情况，各民族的文化艺术也开始了大交流。在这种背景下，“胡舞”

北周伎乐壁画

大量地涌入中国，并受到中原与江南地区人民的喜爱。

根据《魏书》、《隋书》、《旧唐书》等史籍的记载，以及已发现的反映这一时期乐舞的砖刻石雕图像来看，南北朝时期涌入中原的胡舞大致有西域乐舞、西凉乐舞，高丽乐舞和鲜卑等北方民族乐舞，甚至还有西域传入的宗教仪式乐舞，以及从印度，尼泊尔辗转传来的舞蹈。西域乐舞包容种类最多，主要有龟兹乐舞、胡戎乐舞等。见于史籍而又有名称的胡舞有《狮子舞》、《凤凰舞》、《胡旋舞》、《胡腾舞》等。这些舞蹈大都有强烈的节奏感，又有腾踏、跳跃、旋转等高难动作，有很强的艺术感染力。杜佑《通典》卷142记述了当时胡舞大受欢迎的情况，还说“感其声音莫不奢淫躁竞，举止轻飙，或踊或跃，乍动乍息，跻脚弹指，撼头弄目，情发于中，不能自止”，因此进而担心“胡声足败华俗”，这从反面证明了胡舞的艺术魅力。这或许就是胡舞之所以能大量涌入中国并受到普遍欢迎的主要原因吧。

然而胡舞进入中原，首先是和战争联系在一起的。北朝统治者每征服一地，即输入当地音乐舞蹈，一方面是为了自己享乐生活的需要，另一方面又可借这些异域乐舞夸耀武功和德治。北魏太武帝拓跋焘打败赫连昌，得到古雅乐；后平定凉州，得到当地所传《秦汉伎》，从此称作《西凉乐》，又将那里的乐舞艺人及乐器、服装、舞饰等掠运回来。他还从西域带回了疏勒（今新疆疏勒一带）、安国（今中亚布哈拉）的伎乐；又下令将西域悦般国（匈奴西迁后留在龟兹北部的匈奴人所建的政权）的“鼓舞之节，施于乐府”，归入宫廷乐舞机构管理。北魏灭北燕后，又得到北燕所传的《高丽乐》。其次朝廷之间的交往也给胡舞进入中原带来了契机。此外异地民间乐舞戏班的来访，为胡舞传播中原作出一定的贡献。

北齐胡角横吹壁画

大量胡舞的涌入，使得这一时期出现了各族乐舞杂陈并举的情况。《宋书·乐志》记载，（刘）宋时有“西、伧、胡诸杂舞”。北齐杂乐有“西凉鞞乐”、“清乐”、“龟兹乐”，齐后主高纬特别欣赏“胡戎乐”（即西北少数民族乐舞）。不仅在宫廷宴乐中如此，而且在宗教寺院为宣传教义、广招信徒而举办的宗教歌舞中，也出现了中原与西域乐器并列杂陈，中西乐舞会于一堂的情况。

由于胡舞与中原乐舞（即“清商乐舞”）大交流大融合，于是产生了新型的音乐舞蹈。最为典型的代表是《秦汉伎》（后称作《西凉乐》），它就是由西域的《龟兹乐》和盛传于凉州的“中原旧乐”融合而成。北齐制定宫廷雅乐时，也将《西凉乐》作为“洛阳旧乐”予以吸收运用。

新疆石窟形成龟兹风格

新疆石窟是除敦煌、云冈、龙门三大石窟之外的中国古代文明的又一珍品。

佛教在公元一世纪末传入中国后，很快在西域（今新疆境内）盛行，而当时的西域大国龟兹国（即今新疆库车及其周围地区）则是当时西域的佛教中心。到公元五六世纪，龟兹佛教达到鼎盛时期，这一时期大量开凿的佛教

新疆克孜尔龟兹国王托提卡及王后像

石窟集中体现了龟兹这一地区的风格特色，这些地域特色又主要表现在洞窟形制、壁画题材和艺术风格等方面。

在佛教石窟中，根据不同的功能区分有佛堂、讲堂、说戒堂、禅房、骨灰堂、僧房等洞窟，龟兹风格的石窟形制主要以构造独特的佛堂为代表。佛堂，是佛教寺院中礼拜和供奉佛的主要场所，龟兹一带的佛堂以方柱式为主。这种佛堂自前向后有三进，即前室、主室和甬道（行道），其中主室是佛堂的正殿。正殿的四壁和窟顶均画满壁画，而以位置显要的正壁布置最为突出。正壁正中有泥塑佛像，这是佛堂的主尊像，在各塑像中形体最大，是僧徒礼拜的主要对象。一般说来，在佛教石窟中主尊像的姿势和被安置的方式有四种：龛柱式、像柱式、浅龛像柱式和立像代柱式。而龛柱式佛堂则是龟兹系佛堂的主要形式。这种形式是在正壁中开一个龛，主尊像置于龛中。像大多数是结跏趺坐姿，也就是盘腿而坐。少数是倚坐姿，即垂足坐。龛外通堂画出或塑出按菱形格排列的山峦，山峦间还有菩萨和天人。正壁的这种以塑像和壁画相结合的构图，主要显示出释伽牟尼在群山间的帝释窟中说法，诸菩萨和天人正在礼拜和供奉的场面。主室顶部是纵向的拱券形。最高处的纵向中

新疆克孜尔第一四窟菱格本生故事画局部

脊，通常画出日神、月神、风神和金翅鸟等，以表示天空。拱券左右两侧是菱形格壁画。画面被分割成许多菱形小格，每个小格内是一幅画，题材是佛前世救度众生的故事，或是与信徒有关的因缘故事。主室正壁的左右下方是绕佛像礼拜的通道口，向后扩展成空间高大的后室，里面多设置床台，床台上有塑制的卧佛像，表示佛已去世，进入佛教所称的涅槃境界。

龟兹佛教鼎盛时期占优势的是小乘佛教，“唯礼释迦”，所以龟兹风格洞窟中的壁画，多以表现释迦牟尼的佛传、因缘、本生之类的故事为主。在龟兹石窟中，佛本生故事壁画绝大部分画在固定的位置，幅面形状和大小相同，各幅之间在内容上没有什么联系。佛传故事（或称本行）类壁画则不然，它的幅面大小有显著区别，其中一些位置也比较游移。所有这些壁画从内容上总括起来大体有这样几类：①佛传故事：描绘佛从生到死的、各幅依次连续的成套画。②游化说传：描绘佛成道后至涅槃期间在各地对不同的人讲说佛法、传播佛教的事迹。③因缘故事：描绘佛涅或殷佛的故事、有关的“因果报应”的故事。④涅槃故事：描绘佛涅槃后的有关事迹及其环境的画。总之，龟兹石窟中的壁画题材绝大多数是释伽牟尼的事迹。

在艺术风格方面，龟兹石窟中的壁画也有自己鲜明的特点。首先是壁画布局规范对称。其次是在突出画面人物的前提下画有大量的图案、纹饰和装饰画，使壁画具有丰富多彩的表现力，又填补了墙壁、洞顶的空白，装饰了环境。再次，龟兹石窟中的壁画能够根据画面内容，较为合理地使用调和色和对比色。调和色多用于人物活动的描绘，显示出庄严、沉稳的效果；而对比色则多用于环境的渲染，突出宗教气氛。

新疆石窟中的龟兹风格出现在公元 4 至 6 世纪之间，早于以后依次出现的汉代风格和回鹘风格。它表现了龟兹这个当时的西域大国对外来文化相当大的改造力和融和力。

佛寺建造登峰造极

从兴光元年到太和元年（454～477），全国有佛寺 6478 年，其中平城就有 100 所；朝廷迁都洛阳之后，发展更快，到宣武帝延昌年间（515），国内共建佛寺 13727 所，比前面的数量多了一倍以上，其中光是洛阳城内，便高达 1367

所之多，由此可见佛教在南北朝的兴盛状况之一斑。

佛寺在南北朝时期的总体布局，主要是以佛殿和佛塔为中心，向四周扩散，一般是佛塔在前，佛殿在后，均位于寺院的中轴线上，其中，佛殿的规模往往很宏大，甚至可与皇宫的宫殿相媲美。如孝武帝太元四年，在荆州南岸建造的东西二寺，佛塔在前，佛殿在后，佛寺中大殿规模庞大，堪称国内大殿之首，“大殿一十三间，惟两行柱，通梁长五十五尺，栾栌重叠，国中京冠”。

在所有南北朝时期的佛寺之中，最著名的应推洛阳城的永宁寺，寺内有九级佛塔，其规模之大，不仅在南北朝时期，就是在现在，甚至整个中国佛教建筑史上，也是独一无二的。在九层佛塔的北面，有佛殿一座，“形如太极殿，中有丈八金像一躯，中长金像十躯”（《洛阳伽兰记》），除佛塔和佛殿外，寺内还有僧房楼观等附屋建筑一千余间，在整个佛寺建筑群的外围，有围墙一道，做法与宫殿的围墙一样，“皆施短椽，以瓦覆之”，在围墙的四周都有一道门，除北门不设门楼外，东西南三门均建有门楼，东西的门楼一样，都是两层，南门的门楼最为壮观，与皇宫的正门端门很相似，高达三层，通三层阁道，离地面有 20 余丈之高。

除永宁寺这种皇家寺院外，洛阳城内还有一批王室显富建造的宅第式寺院很有代表性，由于这些宅第式寺院是达官显贵舍家为寺，因此带有很浓厚的住宅园林式痕迹，如孝文帝的儿子清阿王元怿舍二宅的冲觉寺和景乐寺，冲觉寺建在西明门外，还留有元怿以前的建筑儒林馆、延宾堂，是当年王公贵族商讨国家大事的地方，改为佛寺后则充当佛殿使用，而以前的一些园林设施则依然保持不变，使得冲觉寺“土山钓池，冠于当世”。孝文帝的另一个儿子广平王元怀也舍弃了两处宅第立为佛寺，称作大觉寺和平等寺，大觉寺将以前宅第中的主要建筑都充作佛殿。为补充宅第中没有佛塔的缺憾，还在永熙年间特意建造“砖净图一所，土石之工，穷精极丽”。平等寺则“堂宇宏美，林木萧森，平台复道，独显当世”。由于这些佛寺在充作佛寺之前是王公贵族的住宅，因此，亭台楼阁，廊庑绮丽，极尽华丽，而改为佛寺之后又作大的改变，因此房庑精丽的佛寺成为南北朝佛寺的一大特色。

佛教在南北朝时期的兴盛及佛寺的大量建造，对整个中国佛教史以及中国佛教建筑史，都产生了很深远的影响。

佛寺壁画艺术达到高峰

佛教东传内地，在统治者的提倡下佛事大兴。东晋100多年间，建寺院达1700多所，入梁以后，寺院更增至2800多所，南朝佛教进入全盛时期。北朝自北魏政权建立后，佛教虽一度遭到太武帝拓跋焘“灭法”打击，但文成帝即位后，佛教重新兴起，建寺开窟，雕造佛像，图绘壁画，盛极一时。北魏迁都洛阳后，全国佛寺达30000余所，与佛教空前的流行相应，佛学艺术特别是佛寺石窟壁画艺术，随着日益发展的北朝佛窟和愈趋精湛的南朝寺观，提高更大，并渐渐达到高潮。

北朝开凿了大量的佛窟，其中甘肃敦煌、麦积山、炳灵寺、新疆若羌拜城、库车等石窟寺院绘画，代表了这一时期佛教绘画的最辉煌成就。和平初（460～465）初，云冈石窟开凿。至孝文帝迁都洛阳为止的35年中，其主要石窟也陆续建成，石窟群的壁画中有构图复杂、优美精致的装饰纹样，有神态各异，手持排箫、箜篌琵琶等古乐器凌空飘舞的飞天，有风格古朴，形制各样的仿木构佛塔、屋宇等建筑物……雕刻艺术很高。北魏孝文帝迁都洛阳后，宣武帝元恪景明元年（500）开始营建龙门石窟。古阳洞历时80年完成，是龙门石窟中开凿最早、规模也最大的一个洞，佛像琳琅满壁。北朝书法“龙

敦煌二六三窟北壁说法图

敦煌二八五窟南壁上层五百强盗成佛（之一）

门二十品”素负盛名，此洞即占了十九品。此外还有开凿于北魏经北齐至唐初完成的药方洞，刻满了北齐及唐代的名医或民间验方。

此一时期最著名最具代表性的敦煌莫高窟北朝石窟，它上起北凉，下至北周，前后历200年，现存36窟。窟内壁画基本保存完好，所画题材主要为佛说法图、佛传故事、佛本生故事、各类因缘故事及供养人像。北周绘作的428窟萨埵那太子本生，采用连环画式的构图，将整个故事情节按顺序分上、中、下三层排列，画面巧妙地利用山野树木将故事情节隔开，人物与自然景致有机地结合在一起，全部的故事情节在一种平缓的逻辑序列中展示出来，这类表现手法是莫高窟壁画所独有的形式。无论是造像绘画和雕塑等，都是在中国土地上发育成长的，具有中国的民族风格。初期虽曾有受印度的影响，但同一题材、同一内容，其表现方法已有很大不同。印度的佛教壁画在阿旃陀石窟中,表现不少娱乐场面，饮酒宴谈，神通游戏，菩萨人物装饰华艳，婉娈多姿，色彩鲜明，即使降魔这样的题材，也带有表演气息，并无畏怖之感。但在敦煌北魏壁画中，常常阴森可怖，画出的苦行僧故事，如舍身饲虎、强盗挖目等，均表现得很直观，营造出一种恐怖气氛。西魏大统四年（538）

敦煌二八五窟西壁南龛上诸天

开造彩绘的285窟，属元魏后期壁画中汉地艺术风格最有代表性的石窟之一。窟顶作覆斗形，顶部四帔画佛教飞天力士和传统题材的伏羲女娲、风神雨师等上天诸神，间以莲花华盖，窟内四壁画有说法图以及得眼林、沙弥守戒等度化因缘故事。画面以白粉涂底，线条勾勒，赋色单纯明快，人物形象文雅清秀，造型和技法已完全脱略西域样式，呈现典型的中原风格。

莫高窟北朝壁画全面真实地记录了佛教传入中国以及与中国传统文化融合的历史行程。这一发展过程在炳灵寺、麦积山等北朝石窟壁画遗迹中表现得也比较充分。这一时代的画人工匠在遵循佛教图本绘饰壁面的同时，不断加入个人的理解和想象，时代生活与审美情趣渗透其中，使得外来的佛教艺术逐渐地走向中国化，最终汇入中原文化的母体之中，成为传统文化的延续和补充。

《龙门药方》刻石

现知最早的医方石刻——《龙门药方》，刻于北齐时代、河南洛阳龙门石窟的药方洞中。距今1300多年前，在雕版印刷技术发明之前，科学技术及知识的传播极不便利，将药方刻于石上，放置在人流量甚大的朝拜圣地，供抄录和拓印，以促进医药知识的传播和普及，是我国古代医学史上的一大创举。

龙门石窟礼佛图

龙门石窟屋形龛

岁月的流逝导致了《龙门药方》的字迹剥落残缺，以致历代学者所见的石刻内容的统计数字不尽一致。据 1986 年的统计报道。它现存 129 方，其中药物方 110 个，针灸方 19 个，其余 15%的字迹已无法辨认了。这 129 方的内容相当丰富，治疗疾病达 41 种，其中内科病 26 种，外科病 15 种；使用药物共 122 种。药物剂型有汤、丸、油、散、膏、饮剂等；服用及治疗方式有口服、含漱、闻气、灌注、浸渍、冲洗、针刺、温灸、外敷、覆盖、导尿等。其中记载的导尿技术已经达到了较高水平，是世界上最早的关于导尿术的记载。方法虽然十分简单，但这种构想是十分了不起的。这种安全有效的导尿方法，说明中国医学家在 1000 多年以前对人体泌尿系统的生理解剖就已有了比较正确的认识。

《龙门药方》内容本身及刻石记载的方式，体现了古代医学家的杰出成就和无私奉献精神，是我国医学史上的一笔珍贵财富。

齐宫内乱

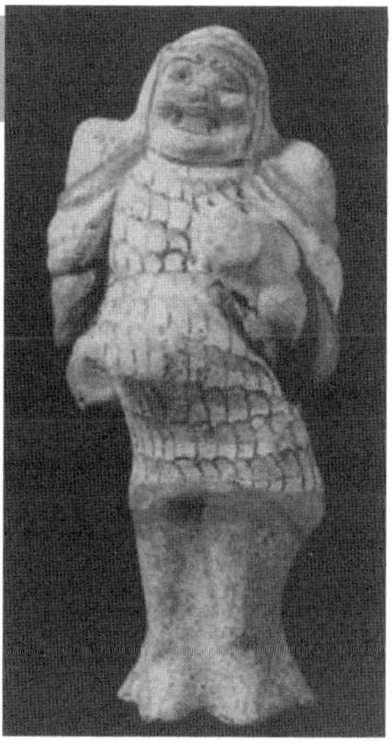
北朝武士俑。武士俑立于出行队伍前列，身穿铠甲，手执武器（已失），环睁双目。

北齐天统元年（565），后主高纬即位，不久齐宫内乱，和士开、穆提婆专权乱国，骄奢淫逸。和士开出入北齐诸帝宫禁，与皇室亲狎。武成帝高湛十分宠信和士开，任命他为侍中、右仆射。高湛临终前，委任和士开为顾命大臣。高纬即位后对他更加器重。武平元年（570）和士开被封为淮阳王，任尚书令。于是他得以更加自由出入宫闱，与胡太后淫乱。这引起琅邪王高俨（高纬胞弟）不满。侍中冯子琮劝高俨杀和士开及侍中、城阳王穆提婆。武平二年（571）七月，高俨假传诏书杀幸臣和士开，又企图杀高纬乳母、穆提婆生母陆令萱。高纬大怒，急召斛律光入朝，命他领兵擒高俨及党羽。胡太后怕皇帝杀死胞弟，将高俨留居宫中，只以冯子琮抵罪。胡太后对高俨严加保护，饮食必经自己先尝后才给高俨。九月二十五日，高纬听从陆令萱及侍中祖珽建议，假称要与高俨出猎，派人将年仅 14 岁的高俨拉出宫杀害。为安抚胡太后，赠高俨谥号为楚恭哀帝。

胡太后先是与和士开淫乱，和士开死后，便与沙门统昙献通奸。昙献甚至被众僧戏称为太上皇。高纬对此有所耳闻，后朝见太后时，见二尼姑侍立太后左右，发现她们竟是男人。于是高纬将昙献斩首。武平二年（571）十月二十五日。后主高纬将胡太后从晋阳（今山西太原）送回邺城（今河北磁县南），派宦官邓长将太后囚禁于北宫，并敕令不许内外诸亲与胡太后相见。

沈重任露门博士

北齐出行壁画。出行画面位于墓室西壁中部壁龛的横额上。三男十三女左向行。

沈重，字德厚，吴兴（今属浙江）人。他天性聪悟，专心儒学，而且博览群书，对于阴阳图纬、道经佛典，无不涉猎，著作多为儒家经典释义，是北朝一代儒学宗师。南朝梁大通三年（529），他任梁王国常侍；大同二年（536）任五经博士。他随梁元帝到江陵，西魏攻占江陵后，他留下奉事后梁主肖察。保定末年（565）赴长安，任职于北周。沈重曾在朝廷紫极殿讲三教经义，朝中官员、儒生、沙门、道士二千余人听讲。沈重知识广博，机灵明辩，他对儒家经典所作的解释，均为诸儒所推崇。北周天和六年（571），周武帝封沈重为骠骑大将军、开府仪同三司露门博士，并让他在露门馆为皇太子讲课。建德六年（577），沈重回后梁；大象二年（580）又进长安。北周亡后，隋朝建立。隋文帝开皇三年（583），沈重去世，时年 84 岁，其所有著作均已散失。

宇文护被诛

北周建德元年（572）三月十四日，周武帝诛杀大冢宰宇文护。

宇文护（？～572），字萨保，代郡武川（今属内蒙古）人，鲜卑族。宇文护为西魏权臣宇文泰之侄。宇文泰四方征战时，诸子尚幼，委托宇文护照料家事。后宇文护随宇文泰入关征战，擒窦泰，复弘农，破沙苑，战河桥，

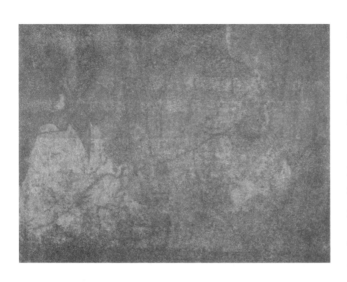

北齐树下侍卫壁画（部分）

战功卓著，加官进爵。后又战邙山，镇河东，征江陵，辗转南北，渐至高位。宇文泰临终时，以后事相托，军国大权自然落入宇文护手中。后来宇文护逼西魏恭帝拓跋廓禅位，立宇文泰三子宇文觉为帝，即孝闵帝，建国号为周。宇文护被拜为大司马，封晋国公。为了独揽大权，宇文护诛杀不附己的元老大臣赵贵、独孤信；自任大冢宰，总领府兵十二军。不得宇文护许可，不可征调府兵。诸大臣多有不服，皆被诛杀。闵帝对宇文护擅政不满，与亲信密谋诛杀之，但因事泄反为宇文护废杀。宇文护又立宇文毓（宇文泰长子）为帝，即明帝。但宇文毓聪明有胆量，宇文护对他十分忌惮，于是密令宠臣李安将他毒死，又立宇文邕（宇文泰四子）为帝，即周武帝。自此，宇

北齐时期营造巩县第三窟外壁

文护以周公自比，政事无论大小，均先斩后奏。他的住宅周围屯兵防守，甚于皇宫；其诸子党羽贪暴恣虐，民愤极大。周武帝宇文邕大智若愚，腹有韬略，宇文护对他毫不设防。于是武帝与胞弟卫公宇文直及诸宗室大臣密谋诛杀宇文护。天和七年（572）三月十四日，武帝引宇文护入宫拜见皇太后，乘其不备，亲手以玉袭击宇文护的后脑；其弟卫公宇文直也从室内跃出，举刀斩杀宇文护。随后，武帝又尽斩其子及党羽，将军政大权控制在手，改元建德，开始亲政。

北齐政乱·斛律光冤死

北齐武平三年（572）五月，齐后主高纬听信谗言，杀害一代名将左丞相斛律光。斛律光（515 ~ 572），字明月，北齐朔州（今山西朔县）敕勒部人，北齐名将。父斛律金为高欢部下名将。斛律光自幼善骑射，北魏末年他年仅17岁时就随父西征，立功受齐神武帝高欢嘉奖；又被文宣帝引为亲信，加封爵位。在后来对北周、突厥军的战争中，斛律光屡立战功，一路升迁，官至左丞相。斛律光之女为北齐后主高纬皇后。斛律光虽贵为国戚，位极人臣，却生性节俭，不好声色，不受馈饷，不贪权势；又善待部下，每战必身先士卒，深得士众心服，征战从未败落，为敌国之心腹大患。当时尚书右仆射祖珽，受齐后主高纬宠信，权倾朝野，满朝文武无不惟其马首是瞻，只有斛律光不买账，骂祖珽为小人。后主高纬乳母陆令萱的儿子、中书侍郎、淮阳王穆提婆欲娶斛律光庶女，被拒绝。祖、穆二人皆怨恨斛律光，常在后主高纬面前挑拨。北周将军韦孝宽欲离间北齐君臣，便制造谣言。祖珽闻知后，又添油加醋，在后主面前诬斛律光有不轨之心。后主先疑后信。武平三年（572）五月二十六日，斛律光入朝时，后主令刘桃枝率力士将他扑杀。斛律光临死时犹称不负国家。当时年仅58岁。继而后主下诏称其谋反，杀其子斛律世雄、恒伽。又派人到外州杀其长子斛律武都和其弟——时为幽州行台尚书令，善于治兵，令突厥人胆寒并称之为“南可汗”的斛律羡。斛律光一家皆死，敌国北周武帝大赦天下庆贺。后北周灭北齐，追赠被流言反间计、恩幸之臣谄害而死的斛律光为上柱国、崇国公，并感叹斯人若在，北齐不致灭。

宇文邕禁断佛道

北周建德年间，武帝宇文邕在其统治的势力范围内，大规模禁止佛、道二教。

北周诸帝及权臣宇文护均信佛，只有武帝不信佛。天和二年（567），有人曾上书请灭佛，认为唐、虞因无佛图而国盛，北齐、梁有寺舍而国势衰。

北周释迦牟尼造像。该造像采用分块式构图，以其面积的大小、形状的方长，避免了分块式构图易造成的呆板。

天和四年，武帝先后四次召群臣聚议是否灭佛，均因权臣宇文护反对而无结果。建德元年（572），武帝诛杀宇文护及其党羽，开始亲政，于是在建德二年九月，召集群臣、沙门、道士，辩论三教先后，定儒教为首，道教为次，佛教为最后。

建德三年五月十七日，武帝下诏禁佛、道二教，凡二教经典、造像尽行毁除，寺院改作民宅，僧侣、道士令其还俗。当时北周寺院约有1万余座，僧侣人数约100万，占国家编户民的1/10左右。寺院不向国家纳税，在灾荒年间还利用饥馑放高利贷，坑害百姓，加深社会矛盾和政权危机。周武帝志在灭齐，于是求兵于僧众之间，取土地于塔庙之下，把近百万僧侣和佛图户籍编为均田农民，壮者征入军队，把大量寺院财产充作军资。这一举措使民间徭役稍减轻，租赋每年递增，国富兵强，为北周一举消灭北齐奠定了基础。

建德六年（577），武帝灭北齐，继续在原北齐境内推行灭佛政策。中原地区八州寺庙被拆达4万座，全部赐为王公宅第；北周、北齐、北梁三方还俗僧侣总计300万，纳入国家编户民。

武帝宇文邕的灭佛政策，并非对佛教赶尽杀绝，并未坑杀僧侣，也不想彻底毁灭佛教思想。僧侣中头面人物，不愿为官的，可以官吏的身份在新立的通道观内研究佛教著作；愿为官的则授予官职。这就为武帝之后佛教的复兴留下了条件。建德七年（578）武帝驾崩，子宇文赟即位，即周宣帝。宣帝放宽禁佛、道之令，佛教迅速得以恢复。大象二年（580），周宣帝驾崩，子宇文阐，即周静帝即位，外戚杨坚总揽朝政。六月，杨坚终于正式下令复兴佛、道二教。

周武帝攻齐

北国建德四年（575）和五年（576），武帝宇文邕两度御驾亲征，率大军东攻北齐。

北周武帝宇文邕于天和七年（572）诛杀权臣宇文护后，开始亲政。他集权中央，进一步扩大了府兵的来源；又禁毁佛、道，将僧众纳入均田农民之列令壮者从军；还多次下诏释放奴婢。这一系列政治改革，促进了社会进步，国力渐强，兵力日盛。北周还与突厥和亲，稳定边境；并于建德三年（574）平定卫王宇文直谋反，稳定了国内局势。

此时，正值北齐内政败坏，武帝认为灭齐时机已成熟，便与诸将谋划伐齐。北周在边境加兵储粮，但北齐军知晓此事，增强了边境防御。北周柱国于翼建议与北齐修好，使北齐防御松懈，才能出其不意，攻其不备；大将韦孝宽也上疏呈灭齐三策。建德四年（575）三月，武帝派伊娄谦、元卫出使北齐，探听虚实。七月十九日，武帝下诏伐北齐。北周以柱国陈王宇文纯、荥阳公司马消难、郑公达奚震为前三军总管。以越王宇文盛、周昌公侯莫陈琼、赵王宇文招为后三军总管。齐王宇文宪领军2万赴黎阳(今河南浚县东)；隋公杨坚领水军3万自渭水入黄河；梁公侯莫陈芮领2万军守太行道（今河南孟县），切断并、冀、殷、定诸州之兵；申公李穆领3万兵守河阳道（今河南洛阳东北），以切断外援，常山公于翼领兵2万出陈（今河南淮阳）、汝（今河南临汝）；武帝御驾亲征领大军6万赴河阴（今河南洛阳西北）。北周总计发兵17万以上。八月，武帝遣使赴陈朝，共商讨伐北齐。同月，北周大军进入北齐境内，攻陷河阴，进围洛口（今河南巩县东北），取东、西二城，但其中潼城久攻不下。武帝亲领军攻洛州（今河南洛阳）亦不克。齐王宇文宪、于翼、李穆诸军则所向披靡，攻下30余城。九月，北齐丞相高阿那肱自晋阳(今山西太原)领军抵抗北周兵，恰逢武帝染疾，周军只得退兵弃城。

宇文邕像

北周建德五年（576）十月四日，北周武帝亲自为统帅，发兵145000，再次伐北齐。北齐守将崔景嵩向后主高纬告急，后主却只顾与冯淑妃玩乐，根本不管军情。崔景嵩无后援，于是降周；北齐行台仆射海昌王尉相贵亦被北周所俘。北周各路大军皆有进展，北齐守将纷纷投降。十一月，齐后主高纬领援军抵平阳(今山西临汾西南)。武帝留兵一万，令梁士彦坚守晋州，周军主力撤出晋州以避其锋芒。齐军追击，被周齐王宇文宪斩其骁将贺兰豹子等，北齐军方退。武帝领大军回长安休整。梁士彦领军抗击北齐军的昼夜攻击，长达一个月。十二月，武帝领各路援军 8 万余人回援晋州。两军对阵时，齐后主竟与冯淑妃观战取乐。两军交战后，后主胆怯，带淑妃逃走。于是齐军大溃，周军歼齐军万余人，入晋城与梁士彦师会合。

北齐后主高纬退回晋阳，后又退回邺城（今河北磁县南），留安德王高延宗守晋阳。众将帅请高延宗称帝，不得已，高延宗于十二月十四日即帝位，随后整顿军马抵抗北周的围攻。高延宗亲自领全城军民抵抗。至傍晚，东门被攻破，但齐主高延宗率军夹击，周军败，死 2000 余人。十七日晨，武帝再破东门，高延宗被俘，晋阳城被北周军占领。北周第二次伐齐大胜，朝不久后灭北齐迈出了决定性的一步。

周放奴婢为民

北周武帝宇文邕自建德元年（572）开始亲政后，励精图治，进行了一系列政治改革，其中就有数次改奴婢、隶户为平民的措施。

建德元年（572）十月一日，周武帝下诏将江陵（今湖北江陵）充当官府奴婢的俘虏，全部恢复平民身份。北齐被北周攻灭后，建德六年（577）八月，武帝下诏解放原北齐境内隶户。隶户是北魏所掳西凉人的后代，世代为奴，至北齐时亦然。由于服役甚杂，又称“杂户”。此诏下后，不再有杂户（隶户）。十一月，武帝又下诏，将永熙三年（534）以来，东（旧北齐地）之民被掠为奴婢者，以及到攻克江陵之日充作奴婢的良民，全部免除奴婢身份；同时还下令减免后宫人数。建德七年（578）三月，武帝再次下诏，令放免奴婢。武帝数次下诏免奴婢、隶户为民，促进了封建关系的发展，对国力强盛、社会进步起了重大作用。

王褒卒

王褒（约 513 ~ 约 576），字子渊，琅邪临沂（今属山东）人，北周文学家、诗人。王褒出身门阀世族，自幼受到良好的文化熏陶，7 岁能文，20 岁成为秀才，供职于南朝。王褒仪容俊美，谈笑风雅，博览史传，富于文才，善作草书，名盛南北朝。王褒有文集 21 卷，已散失，后人辑有《王司空集》；诗存 40 余首，王褒前期辗转南朝梁宫廷，所作多为应诏、奉和诗，多浮华工巧。梁武帝欣赏其才华，将侄女嫁给他为妻。在仕途上，王褒袭南昌县侯爵位，历任秘书丞、宣城王文学、转南平内史。梁元帝亦宠爱其才，使他官至吏部尚书，左仆射。江陵陷后，王褒随元帝降西魏，入长安，被封为车骑大将军，仪同三司。入北朝后，王褒诗文风格发生了变化。这时期诗文多描写塞外景色，寓托故国之思，诗风渐趋质朴苍劲。《关山月》、《渡河北》等为名作，其中《渡河北》发端二句："秋风吹木叶，还似洞庭波"，尤为后世赞赏。周明帝每出游，必命他谈赋论诗。周武帝时王褒参议朝政，凡大诏册，皆为其所作，官授太子少保，迁少司空，后来放外任为宜州刺史。建德五年（576）王褒于任上去世。

北朝武士俑。整个形体造型夸张、线条简洁、流畅，轮廓清晰，朴实生动，不失为一件难得的艺术珍品。

周灭齐·统一北方

建德六年（577）二月，北周灭北齐，统一了北方国土。

北周武帝于建德四年（575）七月，建德五年十月。两次伐齐，占领了北齐重镇晋阳。北齐后主逃归邺都（今河兆磁县南），欲招募士兵，但又不愿出赏，也无诚意感召将士重振军威。周武帝却正相反，以缴北齐珍宝赏赐军士，士气更旺。

北齐武平七年（576）十二月，周武帝领兵攻邺城，北齐后主高纬毫无主见，与群臣面面相觑，束手无策。后主为逃避责任，于北齐承光元年（577）正月一日禅位给 8 岁的儿子高恒，即幼主，改元承光，高纬自为太上皇帝。三日，北齐太皇太后、太上皇后等由邺都逃往济州；九日，北齐幼主高恒亦领亲信东逃；十九日，北齐太上皇帝高纬亦率百骑东逃。二十日北周军攻克邺城。二十一日，高纬逃到济州，与家小会合后，授意高恒让位给驻守瀛州的任城王高湝，高纬自称无上皇，称高恒为守国天王。接着，高纬全家等南逃青州欲投奔陈，被北周大将尉迟纲追上俘虏。

二月，高湝在信都（今河北冀县）集中四万余兵力，欲图恢复失地，被北周齐王宇文宪击败，高湝被俘。至此，北齐境内所辖地方行台、州、镇，除东雍州（今山西新绛）行台付伏、营州（今辽宁朝阳）刺史高宝宁外，其余全部归于北周，总计得50州，162郡，380县，3332500万户，自此北周统一北方。

周灭齐统一北方，客观上促进了北方各民族融合的历史进程的完成，形成了一个充满活动力的新汉族，为进一步的南北方统一作了准备。